俄语系列图书

零起点常用词语用法及例句精编

俄语专业一年级适用

主编　林　丽　李玉娟

U0422958

哈爾濱工業大學出版社

图书在版编目(CIP)数据

零起点常用词语用法及例句精编/林丽,李玉娟主编. —哈尔滨:哈尔滨工业大学出版社,2014.1

俄语专业一年级适用

ISBN 978-7-5603-4263-4

Ⅰ.①零… Ⅱ.①林…②李 Ⅲ.①俄语-词汇-高等学校-自学参考资料②俄语-句法-高等学校-自学参考资料 Ⅳ.①H35

中国版本图书馆 CIP 数据核字(2013)第 251074 号

责任编辑 甄淼淼
封面设计 刘长友
出版发行 哈尔滨工业大学出版社
社　　址 哈尔滨市南岗区复华四道街 10 号　邮编 150006
传　　真 0451-86414749
网　　址 http://hitpress.hit.edu.cn
印　　刷 黑龙江省委党校印刷厂
开　　本 787mm×960mm　1/16　印张 11　字数 185 千字
版　　次 2014 年 1 月第 1 版　2014 年 1 月第 1 次印刷
书　　号 ISBN 978-7-5603-4263-4
定　　价 26.80 元

(如因印装质量问题影响阅读,我社负责调换)

前　言

《零起点常用词语用法及例句精编》一书旨在帮助高等学校俄语专业本专科零起点一年级学生、自学俄语者及一切俄语爱好者从语言学习规律出发，通过句子掌握俄语词语的用法、掌握句子结构、语法及最终培养出俄语的实际运用能力。本书也可以供从事俄语实践课教学的教师参考。

本书的主要特点是：

1. 所选词语均为学生用书1(5课—18课)和学生用书2(1课—12课)的常用词语，特别是能够有效地帮助学生上好俄语实践课；

2. 所选词语均按照学生用书每课出现的先后顺序排列，共选词语379条，以动词为主；

3. 每条词语都标有重音、特殊的动词变位及过去时、用法、例句及译文；

4. 每个例句都经作者精心挑选，尽量避免出现生词，给零起点学生学习造成困难，每个词语的例句都能充分展示该词语的典型用法；

5. 本书例句大多选自近些年俄罗斯出版的俄语读物、俄语教科书及官方网络，例句语言规范、贴近生活、实用性强；

6. 词语前标有 * 号的为重复出现的词语，但与先前出现的该词语词义不同。

本书编者主要是来自哈尔滨工业大学长期从事零起点学生俄语实践课教学的教师，编者根据自己多年的教学经验及零起点学生学习的需求编成此书。全书由俄罗斯专家 Ирина Васильевна Егорова 审阅并提出宝贵意见。

本书编者非常感谢为本书提供编写材料、参加审阅并提出宝贵意见的王立成、王超、陈双利和倪军。

由于编者水平有限，书中难免有疏漏之处，敬请俄语同行及读者指正。

编　者

2013 年 8 月

Часть 1（第一册）

Часть 2（第二册）

Часть 1
（第一册）

Урок 5

☞ 语法 Грамматика

жить, живу́, живёшь, живу́т; жил, жила́, жи́ло, жи́ли (*где*) 住；生活
1) Их бабушка живёт в Москве. 他们的祖母（外祖母）住在莫斯科。
2) Мы живём дома. 我们住在家里。
3) Где живут Анна и Надя? 安娜和娜佳住在哪里？

рабо́тать, рабо́таю, рабо́таешь, рабо́тают (*где*) 工作
1) Я работаю в институте. 我在大学工作。
2) Моя тётя работает на заводе. 我姨（婶）在工厂工作。
3) Её мать работает в театре. 她母亲在剧院工作。

чита́ть, чита́ю, чита́ешь, чита́ют
прочита́ть (*кого-что*) 读
1) Его сын читает текст. 他的儿子在读课文。
2) Они читают учебник. 他们在读课本。
3) Чья дочка читает текст? 谁的女儿在读课文？

знать, зна́ю, зна́ешь, зна́ют (*кого-что*) 知道；了解，认识
1) Мы знаем это. 我们知道这件事。
2) Он не знает вас. 他不认识您。
3) Кто знает это? 谁知道这件事？

слу́шать, слу́шаю, слу́шаешь, слу́шают
прослу́шать (*что*) 听
1) Мой дедушка слушает музыку. 我的祖父在听音乐。
2) Его папа слушает радио. 他的爸爸在听广播。

3) Что слушает Анна? 安娜在听什么?

отдыха́ть, отдыха́ю, отдыха́ешь, отдыха́ют

отдохну́ть, отдохну́, отдохнёшь, отдохну́т (*где*) 休息

1) Мой брат отдыхает дома. 我的兄弟在家里休息。

2) Бабушка и дедушка отдыхают на юге. 奶奶和爷爷在南方休息。

3) Чья мать отдыхает на юге? 谁的母亲在南方休息?

у́жинать, у́жинаю, у́жинаешь, у́жинают (*где*) 吃晚饭

1) Саша и Лена ужинают дома. 萨沙和列娜在家里吃晚饭。

2) Марина ужинает в институте. 玛琳娜在学校吃晚饭。

3) Где ужинает ваш брат? 您的哥哥在哪里吃晚饭?

де́лать, де́лаю, де́лаешь, де́лают

сде́лать (*что*) 做

1) Его дочка делает упражнение. 他的女儿在做练习。

2) Алёша и Миша делают упражнение. 阿廖沙和米沙在做练习。

3) Кто делает упражнение? 谁在做练习?

игра́ть, игра́ю, игра́ешь, игра́ют

сыгра́ть (*во что*) 玩耍,玩;打球,下棋

1) Они играют дома. 他们在家里玩。

2) Володя и Иван играют в футбол. 沃洛佳和伊万在踢足球。

3) Мы играем в шахматы. 我们在下象棋。

счита́ть , счита́ю, счита́ешь, счита́ют (*что*) 数数,计算

1) Мой сын считает бананы. 我的儿子在数香蕉。

2) Что вы считаете? 你们在数什么?

3) Они считают столы. 他们在数桌子。

Урок 6

☞ 语法 Грамматика

* **знать** (*о ком-чём*) 知道;了解,认识

1) Я знаю о вас. 我了解您。

2) Его отец хорошо знает обо мне. 他的父亲很了解我。

3) Это мои друзья. О них вы знаете. 这是我的朋友们。您很了解他们。

4) Это моя подруга. О ней ты знаешь. 这是我的朋友。你很了解她。

говори́ть, говорю́, говори́шь, говоря́т (*о ком-чём*) 说,讲,谈

1) Вы говорите по-китайски? 您会说汉语吗?

2) Как вы говорите по-русски? 您俄语说得怎么样?

3) Я не говорю по-английски. 我不会说英语。

4) Он хорошо говорит по-английски. 他英语说得很好。

5) Они говорят об институте. 他们在谈论学校的事。

6) Это Санкт-Петербург. О нём мы часто говорим. 这是圣彼得堡。我们经常谈论这座城市。

7) Это Москва. О ней они часто говорят. 这是莫斯科。他们经常谈论这座城市。

8) Это Киев и Баку. О них мы часто говорим. 这是基辅和巴库。我们经常谈论这些城市。

9) Друзья часто говорят обо мне. 朋友们经常谈论我。

учи́ться, учу́сь, у́чишься, у́чатся

научи́ться (*где*) 学习

1) Я учусь в Шанхае. 我在上海学习。

2) Ваш брат работает или учится? 您的哥哥现在是工作呢还是学习呢?

3) Она учится в Москве или в Санкт-Петербурге? 她在莫斯科学习还是在圣彼得堡?

4) Брат учится в школе, а сестра — в институте. 弟弟在中学学习,而姐姐在大学学习。

5) Как они учатся? 他们学习怎么样?

6) Где вы учитесь? 你们在哪儿学习?

7) Мы живём и учимся в Шанхае. 我们在上海生活和学习。

8) Нина и Дима учатся в университете. 尼娜和季马在大学学习。

учи́ть, учу́, у́чишь, у́чат

вы́учить, вы́учу, вы́учишь, вы́учат (*что*) 学习(指读、记、背诵等)

1) Он учит новые слова в общежитии. 他们在宿舍里背生词。

2) Я учу диалог и текст дома. 我在家里学习对话和课文。

3) Кто учит текст в аудитории? 谁在教室里学习课文呢?

4) Он учит грамматику. 他在学习语法。

смотре́ть, смотрю́, смо́тришь, смо́трят 看

1) Вечером мы смотрим телевизор дома. 晚上我们在家里看电视。

2) Кто смотрит телевизор в общежитии? 谁在宿舍里看电视?

3) Они смотрят телевизор в аудитории. 他们在教室里看电视。

хоте́ть, хочу́, хо́чешь, хо́чет, хоти́м, хоти́те, хотя́т (*с инф.*) 想

1) Я хочу обедать в буфете. 我想在小吃部吃午饭。

2) Художник хочет ужинать в кафе. 艺术家想在咖啡馆里吃晚饭。

3) Чьи дети хотят играть в шахматы? 谁的孩子想下象棋?

4) Где хочет учиться Маша? 玛莎想在哪里学习?

5) Кто хочет учиться в Санкт-Петербурге? 谁想在圣彼得堡学习?

6) Дима и Вадим хотят смотреть телевизор. 季马和瓦季姆想看电视。

обе́дать, обе́даю, обе́даешь, обе́дают (*где*) 吃午饭

1) Он обедает дома. 他在家里吃午饭。

2) Где они обедают обычно? 他们通常在哪里吃午饭?

3) Мы хотим обедать в институте. 我们想在学校吃午饭。

☞ 课文 **Текст**

писа́ть, пишу́, пи́шешь, пи́шут

написа́ть (*что*) 写

1) Я пишу новые слова. 我在写生词。

2) Он пишет текст. 他在写课文。

3) Они пишут упражнения в комнате. 他们在房间里写练习。

4) Максим хочет учиться в институте, поэтому он много читает и пишет. 马克西姆想在大学学习,所以在读写方面他很用功。

Урок 7

☞ 语法 **Грамматика**

идти́, иду́, идёшь, иду́т; шёл, шла, шло, шли (*куда*) 走,步行

1) Куда ты идёшь? 你到哪儿去?

2) Мы идём на почту. 我们去邮局。

3) Они идут в школу. 他们去学校。

4) Кто идёт в музей? 谁去博物馆?

5) Я иду в библиотеку. 我去图书馆。

люби́ть, люблю́, лю́бишь, лю́бят (*кого-что*, *с инф.*) 爱,喜欢

1) Я люблю вас. 我爱你们。

2) Он любит лето и осень. 他喜欢夏天和秋天。

3) Мать любит весну и зиму. 母亲喜欢春天和冬天。

4) Я люблю смотреть фильмы. 我喜欢看电影。

5) Дети любят играть в саду. 孩子们喜欢在花园里玩。

6) Мой дедушка любит говорить о шахматах. 我爷爷喜欢谈论象棋。

7) Я люблю играть в шахматы. 我喜欢下象棋。

8) Саша любит слушать музыку. 萨沙喜欢听音乐。

9) Марина и Петя любят читать книги. 玛琳娜和佩佳喜欢读书。

☞ 对话 **Диалог**

е́хать, е́ду, е́дешь, е́дут (*куда*) (乘车)去,来

1) Куда ты едешь? 你去哪儿?

2) Они едут в Россию. 他们去俄罗斯。

3) Мы едем в Москву. 我们去莫斯科。

4) Наташа едет на выставку. 娜塔莎去展览会。

☞ 课文 **Текст**

изуча́ть, изуча́ю, изуча́ешь, изуча́ют

изучи́ть, изучу́, изу́чишь, изу́чат (*что*) 学习,研究

1) Мы изучаем русский язык. 我们学习俄语。

2) Что вы изучаете в институте? 您在大学里学习什么?

3) Эти студенты изучают химию и математику. 这些大学生学习化学和数学。

отвеча́ть, отвеча́ю, отвеча́ешь, отвеча́ют

отве́тить, отвечу́, отве́тишь, отве́тят (*на что*) 回答

1) На уроке студенты отвечают на вопросы преподавателя. 在课堂上学生们回答老师的问题。
2) Как хорошо он отвечает на вопросы! 他回答问题回答得多好啊!
3) Кто отвечает на вопросы преподавателя? 谁在回答老师的问题?
4) На уроке мы читаем, пишем и отвечаем на вопросы преподавателя. 在课堂上我们读、写并回答老师的问题。

разгова́ривать, разгова́риваю, разгова́риваешь, разгова́ривают (*о ком-чём*) 交谈

1) Мы разговариваем об учёбе и о жизни в институте. 我们在谈论大学里的学习和生活情况。
2) Они разговаривают об учёбе в Институте русского языка. 他们在谈论俄语学院的学习情况。
3) Учительницы разговаривают об учёбе в школе. 老师们在谈论中学里的学习情况。

мечта́ть, мечта́ю, мечта́ешь, мечта́ют (*о ком-чём, с инф.*) 幻想,向往

1) Сергей мечтает работать на фирме. 谢尔盖向往在公司工作。
2) Олег и Виктор мечтают учиться в России. 奥列格和维克多向往在俄罗斯学习。
3) Они мечтают работать в Москве или в Санкт-Петербурге. 他们向往在莫斯科或圣彼得堡工作。
4) Он мечтает о счастье. 他向往幸福。

Урок 8

☞ 课文 Текст

встава́ть, встаю́, встаёшь, встаю́т

встать, вста́ну, вста́нешь, вста́нут 起床,起来

1) Мы встаём рано. 我们起来得早。
2) Кто встаёт рано? 谁起来得早?
3) Утром они встают рано, завтракают и идут в институт. 早晨我们

早起,吃早饭,然后去学校。

за́втракать, за́втракаю, за́втракаешь, за́втракают (*где*) 吃早饭

1) Обычно она завтракает в институте. 通常她在学校吃早饭。

2) Я люблю завтракать дома. 我喜欢在家里吃早饭。

3) Кто любит завтракать в буфете? 谁喜欢在小吃部吃早饭?

Урок 9

☞ 语法 Грамматика

стоя́ть, стою́, стои́шь, стоя́т (*где*) 站着;立放

1) Лена стоит у фонтана. 列娜站在喷泉旁。

2) В комнате стоит большой стол. 房间里摆着一张大桌子。

3) На полке стоят книги. 书架上(立)放着一些书。

4) На столе стоит компьютер. 桌子上摆着一台电脑。

5) Раньше на столе стояла большая лампа. 过去桌子上摆放着一盏大灯。

лежа́ть, лежу́, лежи́шь, лежа́т (*где*) 平放;躺

1) На столе лежит учебник. 桌子上放着一本教科书。

2) На столе лежат газеты и журналы. 桌子上放着一些报纸和杂志。

3) Вчера на столе лежало письмо. 昨天桌子上放着一封信。

4) Он лежит на кровати. 他躺在床上。

5) Мой друг лежит в больнице. 我的朋友住院了。

расска́зывать, расска́зываю, расска́зываешь, расска́зывают

рассказа́ть, расскажу́, расска́жешь, расска́жут (*что*, *о ком-чём*) 讲述

1) Он читает текст и рассказывает его. 他读课文并讲述课文。

2) Что рассказывает Катя? 卡佳在讲什么?

3) Он рассказывает о фильме. 他在讲述电影。

4) Они рассказывают об университете. 他们在讲述大学的情况。

5) В письмах Вася много рассказывал о Москве, о друзьях. 在信中瓦夏讲述了很多莫斯科和朋友们的情况。

* **учи́ть**

вы́учить（*что*）学习（指读、记、背诵等）

1）Они учат слова，диалоги и тексты. 他们在学习单词、对话和课文。

2）Вчера вечером Анна учила новые слова. 昨天晚上安娜记生词了。

3）В школе они учили русский язык. 他们在中学学过俄语。

4）Какой язык вы учили в школе? 你们在中学学过哪种语言？

☞ 句型 **Речевые образцы**

занима́ться，занима́юсь，занима́ешься，занима́ются（*где*）学习（指具体的行为）

1）Где вы занимаетесь обычно? 你们通常在哪儿学习？

2）Сейчас они занимаются дома. 现在他们在家里学习。

3）Вчера Саша занимался в библиотеке. 昨天萨沙在图书馆学习了。

4）Вчера вечером Нина занималась в аудитории. 昨天晚上尼娜在教室学习了。

5）Я люблю заниматься в общежитии. 我喜欢在宿舍学习。

* **писа́ть**

написа́ть（*что*，*о чём*）写

1）Он очень хорошо пишет по-русски. 他俄语写得很好。

2）Нина и Мария уже хорошо говорят и пишут по-русски. 尼娜和玛丽娅已经能很好地说和写俄语了。

3）Студенты пишут диктант. 大学生们在做听写。

4）Каждый день он пишет упражнения. 每天他都写练习。

5）Ученики пишут новые слова，диалоги и текст в тетрадях. 中学生们在练习本上写生词、对话和课文。

6）Вчера вечером я писал письма. 昨天晚上我写信了。

7）В письмах домой она писала об учёбе и о жизни в университете в Москве. 在给家的信中她写了在莫斯科的大学里的学习和生活情况。

* **де́лать**

сде́лать（*что*）做，进行

1）Что они делают на уроке? 他们在课堂上做什么？

2) Вчера вечером я делала упражнения. 昨天晚上我做练习了。

3) Вчера студенты вместе делали домашние задания. 昨天大学生们在一起做家庭作业了。

4) Что вы делали вчера вечером? 昨天晚上你们做什么了?

5) Когда вы делали домашние задания? 你们什么时间做家庭作业了?

* **смотре́ть**

посмотре́ть (*что*) 看

1) Кто смотрит фильм сейчас? 现在谁在看电影?

2) Вечером они обычно смотрят телевизор дома. 晚上他们通常在家看电视。

3) Я читаю книгу, а он смотрит фильм. 我在读书,而他在看电影。

4) Я люблю смотреть русские фильмы. 我喜欢看俄罗斯电影。

5) Вы любите смотреть телевизор? 你们喜欢看电视吗?

6) Вчера вечером они смотрели новый фильм. 昨天晚上他们看新电影了。

быть, был, была́, бы́ло, бы́ли; не́ был, не была́, не́ было, не́ были (*где*) 在,处在

1) Вчера студенты и преподаватели были в музее «Гугун». 昨天大学生和老师们去"故宫"博物院了。

2) Где он был вчера вечером? 昨天晚上他去哪了?

3) Вчера вечером Вера была в театре. 昨天晚上薇拉去剧院了。

4) Вы были в Москве? 您去过莫斯科吗?

5) Антон и Ирина ещё не были в Санкт-Петербурге. 安东和伊琳娜还没去过圣彼得堡。

6) Лена ещё не была в Китае. 列娜还没有到过中国。

ви́деть, ви́жу, ви́дишь, ви́дят

уви́деть (*кого-что*) 看见,看到

1) Мы часто видим писателя в парке. 我们常在公园看到作家。

2) Вчера я его не видела в институте. 昨天在学院我没看到他。

3) Кого вы видели на концерте? 在音乐会上你们看见谁了?

4) Моя бабушка хорошо видит. 我奶奶(姥姥)视力好。

* **говори́ть**

сказа́ть, скажу́, ска́жешь, ска́жут (*о ком-чём*) 说，谈

1) Мой отец любит говорить о шахматах. 我父亲喜欢谈论象棋。
2) На уроке они говорили о жизни в университете. 在课堂上他们谈了大学的生活情况。
3) Вчера учителя говорили о книгах в библиотеках. 昨天老师们谈了图书馆里的书籍。
4) На собрании студенты говорили о художниках и писателях. 在会上学生们谈论了画家和作家们。
5) На уроке студенты говорили о космонавтах и музыкантах. 在课堂上学生们谈论了宇航员和音乐家们。
6) Матери часто говорят о детях. 母亲们经常谈论孩子们。

☞ 对话 **Диалог**

* **рабо́тать** (*где*) 工作

1) Игорь работает в банке. 伊戈尔在银行上班。
2) Его сестра Наташа ещё не работает. 他的妹妹娜塔莎还没工作。
3) Где работает его сестра? 他的姐姐在哪儿工作?
4) Где они работали раньше? 过去他们在哪儿工作?
5) Сегодня я не работаю. 今天我不工作。
6) Она мечтает работать в России. 她向往在俄罗斯工作。
7) Вчера мы много работали. 昨天我们做了很多工作。
8) Мой друг работает в Институте русского языка. 我的朋友在俄语学院工作。
9) Мои родители — инженеры, они вместе работают на заводе. 我的父母是工程师，他们都在工厂工作。
10) Катя хорошо работает на компьютере. 卡佳电脑使用得很好。

ждать, жду, ждёшь, ждут (*кого-что*) 等待，等

1) Кого вы ждёте? 您在等谁呢?
2) Он ждёт автобус. 他在等公共汽车。
3) Катя ждала друга в общежитии. 卡佳在宿舍等朋友了。

4) Вчера мы тебя ждали в аудитории. 昨天我们在教室等你了。

5) Жду твоего ответа. 等着你的答复。

петь, пою́, поёшь, пою́т

спеть (*что*) 唱，歌唱

1) Я люблю петь. 我喜欢唱歌。

2) Моя мама хорошо поёт. 我妈妈唱歌唱得很好。

3) Как он поёт? 他唱歌唱得怎么样？

4) Мы поём русские песни. 我们在唱俄罗斯歌曲。

5) Вчера друзья пели, разговаривали и фотографировались в университете. 昨天朋友们在学校里唱歌、聊天和照相了。

* **игра́ть**

сыгра́ть (*где, во что, на чём*) 玩，玩耍；打球，下棋；弹奏

1) Вчера вечером они играли в шахматы. 昨天晚上他们下象棋了。

2) Я люблю читать книги и играть в футбол. 我喜欢读书和踢足球。

3) Она хорошо поёт и играет на гитаре. 他唱歌唱得很好，吉他也弹得很好。

* **слу́шать** (*кого-что*) 听

1) Я люблю смотреть телевизор и слушать радио. 我喜欢看电视和听收音机。

2) Вчера он слушал магнитофон и смотрел русские фильмы. 昨天他听录音机并看俄罗斯电影了。

3) Студенты слушают лекции в аудитории. 学生们在教室里听课。

гуля́ть, гуля́ю, гуля́ешь, гуля́ют (*где*) 散步

1) Осенью мой дедушка много гуляет. 秋天我爷爷经常散步。

2) Студенты гуляют в парке. 学生们在公园里散步。

3) Вчера мы вместе гуляли в парке. 昨天我们一起在公园散步了。

4) В парке мы гуляли и фотографировались. 在公园里我们一边散步一边照相了。

5) На проспектах и площадях гуляли девушки и мальчики. 姑娘们和男孩儿们在大街和广场上散步了。

фотографи́роваться, фотографи́руюсь, фотографи́руешься, фотографи́руются

сфотографи́роваться (*где*) (给自己)照相

1) Они любят фотографироваться. 他们喜欢照相。
2) Мы гуляем и фотографируемся в саду. 我们在花园里散步和照相。
3) Вчера мы фотографировались в университете. 昨天我们在学校里照相了。
4) Вчера мы вспоминали о жизни в университете и фотографировались. 昨天我们回忆了在大学的生活并照了相。

☞ 课文 **Текст**

* **жить** (*где*) 住,生活

1) Сейчас я живу и работаю в Санкт-Петербурге. 现在我在圣彼得堡生活和工作。
2) Я люблю жить в городе. 我喜欢在城市生活。
3) Друзья хотят жить в Пекине. 朋友们想在北京生活。
4) Она живёт на проспекте Калинина. 他住在加里宁大街。
5) Где живёт ваша семья? 您家在哪儿住?
6) Раньше они жили в Москве. 过去他们住在莫斯科。
7) Раньше мои друзья жили и учились в Харбине. 过去我的朋友们在哈尔滨生活和学习。
8) Раньше моя мама жила в Шанхае. 过去我妈妈住在上海。
9) Раньше Андрей жил в Санкт-Петербурге и учился там в университете. 过去安德烈住在圣彼得堡,并在那儿上大学。

* **учи́ться**

научи́ться (*где*) 学习

1) Днём я работаю на заводе, а вечером учусь в институте. 白天我在工厂上班,晚上在学院学习。
2) Я работаю, а мой брат учится. 我工作,而我的弟弟在上学。
3) Она не любит учиться. 她不喜欢学习。
4) Раньше он учился в Москве. 过去他在莫斯科学习。
5) Где вы учились раньше? 过去您在哪儿学习?

* **люби́ть** (*кого-что*) 爱,热爱;喜欢

1) Я люблю весну, а сестра любит зиму. 我喜欢春天,而姐姐喜欢冬天。
2) Вы любите русский язык? 您喜欢俄语吗?
3) Я очень люблю Москву, её улицы и проспекты, театры и музеи. 我非常喜欢莫斯科,喜欢那儿的街道,剧院和博物馆。
4) Саша любил математику, а Андрей — химию. 萨沙喜欢数学,而安德烈喜欢化学。

* **изуча́ть**

изучи́ть (*что*) 学习,研究

1) В университете он изучает английский язык. 他在大学学习英语。
2) Олег учится в университете, изучает математику. 奥列格在大学学习,他是学数学的。
3) Я изучаю русский язык в Институте русского языка в Москве. 我在莫斯科的俄语学院学习俄语。
4) Антон — студент Института русского языка. Он изучает русский язык. 安东是俄语学院的学生。他学习俄语。
5) Русский язык изучают студенты и преподаватели, инженеры и врачи. 大学生和老师,工程师和医生都学习俄语。

собра́ться, соберу́сь, соберёшься, соберу́тся; собра́лся, собрала́сь, собрало́сь, собрали́сь (*где*) 集合,聚集

1) Вчера студенты собрались в общежитии и играли в шахматы. 昨天学生们聚集在宿舍并在那里下象棋了。
2) Вчера друзья собрались у Ван Хуа в университете. 昨天朋友们聚集在王华的学校了。
3) Где они собрались вчера? 昨天他们在哪里聚会了?
4) Студенты собрались на площади. 学生们聚集在了广场上。

* **разгова́ривать** (*о ком-чём*) 交谈

1) Они разговаривают о фильмах. 他们在谈论电影。
2) Студенты разговаривают по-английски. 学生们用英语交谈。
3) О чём друзья разговаривали вчера? 昨天朋友们谈什么了?
4) Вчера Наташа и Борис разговаривали в аудитории. 昨天娜塔莎和

鲍里斯在教室交谈了。

вспомина́ть, вспомина́ю, вспомина́ешь, вспомина́ют

вспо́мнить, вспо́мню, вспо́мнишь, вспо́мнят (*кого-что, о ком-чём*) 回忆起，想起

1) Виктор часто вспоминает школьные годы. 维克多经常回忆起中学时代。

2) В университете я часто вспоминаю мать. 在学校我经常想起母亲。

3) Вчера друзья пели, ели и вспоминали школьные годы. 昨天朋友们唱歌、吃东西并回忆起了中学时代。

4) Он часто вспоминает о сестре. 他经常想起姐姐。

5) Ребята вспоминали о школе, об учителях и товарищах. 孩子们经常回忆起学校（中学）、老师和同学们。

6) Мы часто вспоминаем об учителях в школе. 我们经常回忆起中学的老师们。

Кто он такой? 他是谁？他是做什么的？

1) Кто такой Миша? 米沙是做什么的？

2) Кто она такая? 她是谁？

3) Кто такая Мария? 玛利亚是做什么的？

4) Кто они такие? 他们是谁？

5) Кто такие Максим и Анна? 马克西姆和安娜是做什么的？

Что такое книга? 书是什么？

1) Что такое космос? 宇宙是什么？

2) Что такое математика? 数学是什么？

3) Что такое шахматы? 象棋是什么？

Урок 10

☞ 语法 Грамматика

сиде́ть, сижу́, сиди́шь, сидя́т (*где*) 坐着

1) Они сидят в комнате. 他们在房间坐着。

2) Птица сидит на дереве. 一只鸟停在树上。

3) Мы сидим на диване и разговариваем. 我们坐在沙发上聊天。

☞ 句型 **Речевые образцы**

* **работать** (*где*) 工作

1) Я работаю в китайском банке. 我在中国银行工作。
2) Анна Петровна работает в средней школе. 安娜·彼得罗夫娜在中学工作。
3) Моя мать работает в городской библиотеке. 我母亲在市图书馆工作。
4) Этот инженер работает на большом заводе. 这位工程师在一家大工厂工作。

* **учиться**

научиться (*где*) 学习

1) Мы учились в Московском университете. 我们曾在莫斯科大学学习。
2) Мои друзья учатся в Пекинском университете. 我的朋友们在北京大学学习。
3) Я учусь на историческом факультете. 我在历史系学习。
4) Она училась в Московском педагогическом университете. 她曾在莫斯科师范大学学习。
5) Я учусь в Харбинском политехническом университете. 我在哈尔滨工业大学学习。

* **говорить**

сказать (*о ком-чём*) 说，谈

1) На занятиях мы говорили о русских писателях. 在课堂上我们谈论了俄罗斯的作家们。
2) Они говорят о русских художниках. 他们在谈论俄罗斯的艺术家们。
3) Мы говорим о китайских музыкантах. 我们在谈论中国的音乐家们。
4) Он говорит о своём отце. 他在谈自己的父亲。
5) Он много говорил о своей семье. 他谈了很多自己家庭的事情。
6) Русские преподаватели говорят о московских музеях. 俄罗斯老师们在谈论莫斯科的博物馆。
7) Студенты говорят, что Иванов хороший преподаватель. 学生们说，

伊万诺夫是一位好老师。

8) Друг говорит, что Анна учится хорошо. 朋友说，安娜学习很好。

9) Мать говорит, что дочка весёлый и добрый человек. 母亲说，她的女儿是一个快乐而善良的人。

10) Все говорят, что Ухань — большой красивый город на реке Янцзы. 所有人都说，武汉是长江沿岸一座美丽的大城市。

* **рассказывать**

расска́зать (*о ком-чём*) 讲述

1) Иван Петрович часто рассказывает о Москве и её знаменитых местах. 伊万·彼得罗维奇经常讲述莫斯科以及莫斯科著名的地方。

2) Анна Петровна часто рассказывает о Санкт-Петербурге и его знаменитых местах. 安娜·彼得罗夫娜经常讲述圣彼得堡以及圣彼得堡著名的地方。

3) Ван Хуа часто рассказывает о Пекине и его знаменитых местах. 王华经常讲述北京及北京著名的地方。

4) Мы часто рассказываем о Харбине и его знаменитых местах. 我们经常讲述哈尔滨及哈尔滨著名的地方。

5) Он много рассказывает о своих детях. 他经常讲述他的孩子们。

6) Он долго рассказывал о Большом театре. 他长时间地讲述了大剧院。

7) На собрании он рассказывал о своей семье. 在会上他讲述了自己的家庭。

8) На занятиях наш преподаватель рассказывал о русских музеях. 在课堂上我们老师讲述了俄罗斯的博物馆。

☞ 对话 Диалог

роди́ться, рожу́сь, роди́шься, родя́тся; роди́лся, родила́сь, роди́ло́сь, родили́сь (*где*) 出生

1) Я родился в Харбине. 我出生在哈尔滨。

2) Моя подруга родилась в Шанхае. 我的朋友出生在上海。

3) Где они родились? 他们在哪里出生?

4) Они родились в Саратове. 他们出生在萨拉托夫。

5) Ирина родилась в Москве. 伊琳娜出生在莫斯科。

* **жить** (*где*) 住,生活

1) Раньше мои родители жили в маленькой деревне. 过去我的父母住在一个小村庄。
2) Сейчас его родители живут в большом городе. 现在他的父母住在大城市。
3) В каком городе живут её родители? 她父母住在哪个城市?
4) Теперь я живу в Москве и учусь в Московском педагогическом университете. 现在我住在莫斯科,并在莫斯科师范大学学习。
5) Мой друг живёт в Пекине и учится в Пекинском университете. 我的朋友住在北京,并在北京大学学习。
6) Они живут в больших домах. 他们住在大房子里。
7) В каком общежитии они живут? 他们住在哪个宿舍?
8) Вы живёте в новом общежитии? 你们住在新宿舍吗?
9) Мы живём в большой хорошей квартире. 我们住在一套非常好的大住宅里。

☞ 课文 Текст

звать, зову́, зовёшь, зову́т; звал, звала́, зва́ло, зва́ли (*кого*) 叫做,称为

1) Как вас зовут? 您叫什么名字?
2) Её отца зовут Иван Петрович. 她父亲叫伊万·彼得罗维奇。
3) Его мать зовут Анна Петровна. 他母亲叫安娜·彼得罗夫娜。
4) Это моя подруга. Её зовут Нина. 这是我的朋友,她叫尼娜。
5) Это мой друг. Его зовут Вадим. 这是我的朋友,他叫瓦季姆。

* **чита́ть**

прочита́ть (*кого-что*) 读

1) Он читает учебник. 他在读课本。
2) Она много читает по-русски. 他大量地读俄语。
3) Олег читает тексты, пишет упражнения, отвечает на вопросы. 奥列格读课文,写练习,回答问题。

4) Он читает и рассказывает тексты. 他读并讲述课文。

5) Он много читает о России. 他读很多关于俄罗斯的材料。

6) Виктор читает журнал, а Мария читает газету. 维克多在读杂志,而玛丽娅在读报纸。

7) Витя читает журнал в библиотеке. 维佳在图书馆阅读杂志。

8) Я хочу читать по-английски газеты и журналы. 我想读英语报纸和杂志。

* **слу́шать**

прослу́шать (*кого-что*) 听

1) Он слушает русскую музыку. 他在听俄罗斯音乐。

2) Студенты слушают русские стихи. 学生们在听俄罗斯诗歌。

3) Анна и Саша слушают русские песни в комнате. 安娜和萨沙在房间里听俄罗斯歌曲。

4) Каждый день утром мой дедушка слушает радио. 每天早晨我爷爷都听收音机。

* **знать** (*кого-что, о ком-чём*) 知道,了解,认识

1) Он уже хорошо знает русский язык. 他已经掌握俄语了。

2) Ты знаешь русский язык? 你懂俄语吗?

3) Я хорошо знаю Москву. 我很了解莫斯科。

4) Он хорошо знает слова. 他单词掌握得很好。

5) Он очень любит Москву и хорошо её знает. 他很喜欢并且很了解莫斯科。

6) Я хочу знать, как живут, работают и учатся российские люди. 我想知道,俄罗斯人是怎么生活、工作和学习的。

Урок 11

☞ 语法 Грамматика

встреча́ть, встреча́ю, встреча́ешь, встреча́ют

встре́тить, встре́чу, встре́тишь, встре́тят (*кого-что*) 遇见;迎接

1) Я часто встречаю своего дядю в парке. 我经常在公园遇见我叔叔。

2）Вчера вечером она встретила китайского журналиста на Шанхайском международном кинофестивале. 昨天晚上她在上海国际电影节上遇见了一位中国记者。

3）Позавчера он встретил английского музыканта на выставке. 前天他在展览会上遇见了一位英国音乐家。

4）Вчера они встретили русского преподавателя в музее «Гугун». 昨天他们在故宫博物院遇见了一位俄罗斯老师。

покупа́ть，покупа́ю，покупа́ешь，покупа́ют

купи́ть，куплю́，ку́пишь，ку́пят（*кого-что*）买

1）Вчера я купила красивое пальто в магазине. 昨天我在商店买了一件漂亮的大衣。

2）Что вы хотите купить？ 您想买什么？

3）Я хочу купить газету. 我想买报纸。

4）Он хочет купить русско-китайский словарь. 他想买一部俄汉词典。

5）Я купила русскую машину в России. 我在俄罗斯买了一辆俄国车。

фотографи́ровать，фотографи́рую，фотографи́руешь，фотографи́руют

сфотографи́ровать（*кого-что*）摄影，拍照

1）В свободное время я люблю фотографировать. 在业余时间我喜欢摄影。

2）Когда Володя был дома，он фотографировал своего отца，мать，старшего брата и младшую сестру. 沃洛佳在家的时候，给他的父亲、母亲、哥哥和妹妹照了相。

3）В Москве я фотографировала Красную площадь，Кремль，Исторический музей，Московский университет. 我在莫斯科拍了红场、克里姆林宫、历史博物馆和莫斯科大学。

4）Когда Юрий учился в школе，он фотографировал своих товарищей в школе на уроках，на экзамене，на работе в поле. 当尤里在学校学习的时候，他给自己的同学们在课堂上、在考试中、在田野工作中照了相。

5）В полёте Ю. А. Гагарин фотографировал нашу Землю，писал，рассказывал о том，что он видел из космоса. 尤里·加加林在飞行过

程中给我们的地球拍了照，写下并讲述了他在太空所看到的一切。

зарабáтывать, зарабáтываю, зарабáтываешь, зарабáтывают

заработáть, зарабóтаю, зарабóтаешь, зарабóтают 挣钱

1) Мой отец хорошо зарабатывает. 我父亲挣钱很多。

2) Его мать много зарабатывает. 他母亲挣钱很多。

3) Виктор хорошо работает и неплохо зарабатывает. 维克多工作很好，并且挣钱不少。

4) Сколько ты зарабатываешь в месяц? 你一个月挣多少钱？

5) В этой семье жена зарабатывает больше. 这个家庭妻子挣钱更多。

☞ 句型 **Речевые образцы**

рисовáть рисýю, рисýешь, рисýют

нарисовáть (*кого-что*) 素描，画画

1) Ученики хорошо рисуют. 学生们画得很好。

2) Этот мальчик плохо рисует. 这个男孩画得不好。

3) Она рисует красивые цветы. 她在画美丽的花儿。

4) Эта девочка рисует собаку и кошку. 这位小姑娘在画狗和猫。

5) Что он рисует? 他在画什么？

6) Кого рисуют Анна и Лена? 安娜和列娜在画谁？

переводи́ть перевожý, перевóдишь, перевóдят

перевести́, переведý, переведёшь, переведýт; перевёл, перевелá, перевелó, перевели́ (*что*) 翻译

1) Он переводит текст. 他在翻译课文。

2) Они переводят эту книгу. 他们在翻译这本书。

3) Саша переводит диалоги. 萨沙在翻译对话。

4) Вчера она переводила новые слова и текст. 昨天她翻译生词和课文了。

посещáть, посещáю, посещáешь, посещáют

посети́ть посещý, посети́шь, посетя́т (*кого-что*) 拜访，访问，参观

~город, 参观城市 ~музей, 参观博物馆 ~выставку 参观展览会

1) Он часто посещает выставки. 他经常参观展览会。

2) Они часто посещают детские сады. 他们经常去幼儿园。

3) Максим часто посещает этого писателя. 马克西姆经常拜访这位作家。

4) Каждый день туристы посещают музей «Гугун». 每天都有游客参观故宫博物院。

☞ 课文 Текст

танцева́ть танцу́ю, танцу́ешь, танцу́ют（*что*）跳舞

станцева́ть

1) Извините, я не танцую. 对不起,我不会跳舞。

2) Эти русские студенты хорошо танцуют. 这些俄罗斯学生跳舞跳得很好。

3) Она хорошо танцует классические танцы. 她跳古典舞跳得很好。

4) Этот преподаватель хорошо танцует русские народные танцы. 这位老师跳俄罗斯民族舞跳得很好。

ду́мать, ду́маю, ду́маешь, ду́мают（*о ком-чём*）认为,以为

1) Она думает, что Санкт-Петербург — это красивый и интересный город. 她认为,圣彼得堡是一座美丽且有趣的城市。

2) Они думают, что Харбин — это красивый, чистый и интересный город. 他们认为,哈尔滨是一座美丽、干净且有趣的城市。

3) Вера думает, что Саша весёлый и добрый человек. 薇拉认为,萨沙是一个快乐且善良的人。

4) Вадим думает, что Лена красивая и добрая девушка. 瓦季姆认为,列娜是一位漂亮且善良的姑娘。

5) Русский преподаватель думает, что Анна очень любит русское искусство. 俄罗斯老师认为,安娜非常喜欢俄罗斯艺术。

6) Мы думаем, что наша русская преподавательница очень любит Москву и хорошо её знает. 我们认为,我们的俄罗斯老师非常喜欢并且很了解莫斯科。

Урок 12

☞ 语法 Грамматика

объясня́ть, объясня́ю, объясня́ешь, объясня́ют

объясни́ть, объясню́, объясни́шь, объясня́т (*что*) 讲解，解释

~урок 讲课，~грамматику русского языка 讲解俄语语法

1) Антон объясняет, а Маша слушает. 安东在讲解，而玛莎在听。

2) На занятиях преподаватель объясняет, а студенты слушают. 在课堂上老师讲解，而学生们听。

3) Наш новый преподаватель объясняет диалоги и текст на китайском языке. 我们的新老师用汉语讲解对话和课文。

4) Наша русская преподавательница объясняет новые слова на русском языке. 我们的俄罗斯老师用俄语讲解生词。

находи́ться, нахожу́сь, нахо́дишься, нахо́дятся (*где*) 在，位于，处在

1) Скажите, пожалуйста, где находится магазин? 请问，商店在哪儿？

2) Музей находится в центре города. 博物馆位于市中心。

3) Красная площадь находится в Москве. 红场在莫斯科。

4) Где находится Исторический музей? 历史博物馆在哪儿？

5) Их дом находится на Новом Арбате. 他们的房子位于新阿尔巴特大街。

6) Исторический музей находится на Красной площади. 历史博物馆位于红场。

7) Где находится Харбинский политехнический университет? 哈尔滨工业大学在什么地方？

* **идти́** (*куда*) 去，到，走；进行；上演

1) Вчера, когда я шёл в парк, я встретил Мишу. 昨天我去公园时碰见了米沙。

2) Он идёт к магазину. 他朝着商店走。

3) Сейчас в аудитории идёт урок русского языка. 现在教室里正在上俄语课。

4) Скажите, пожалуйста, где идёт фильм «Анна Каренина»? 请问，哪里在上映电影《安娜·卡列尼娜》？

5) Если по телевизору идёт что-нибудь интересное, мы смотрим передачу. 如果电视播放什么有趣的节目，我们就看节目。

приглаша́ть, приглаша́ю, приглаша́ешь, приглаша́ют

пригласи́ть приглашу́, пригласи́шь, приглася́т (*кого-что*) 邀请，聘请

1) Я приглашаю своих родственников в гости. 我邀请我的亲戚们来做客。

2) Студенты пригласили русскую преподавательницу на вечер. 学生们邀请俄罗斯老师参加晚会。

3) Сегодня Анна Петровна пригласила в гости своих студентов. 今天安娜·彼得罗夫娜邀请自己的学生来做客。

4) Кого вы хотите пригласить в гости? 您想请谁来做客？

5) Я хочу пригласить вас в театр. 我想邀请您去剧院。

6) Они хотят пригласить меня на фильм. 他们想邀请我去看电影。

7) Я хочу пригласить вас в Россию. 我想邀请您去俄罗斯。

8) Мы часто приглашаем своих друзей и родных на обед. 我们经常邀请自己的朋友和亲人吃午饭。

9) Я хочу пригласить его посетить наш город. 我想邀请他参观我们的城市。

10) Молодой человек пригласил красивую девушку в кафе. 年轻人邀请漂亮的姑娘去咖啡厅。

11) Мой старший брат часто приглашает своего университетского друга в гости. 我哥哥经常邀请自己的大学同学来做客。

12) Мы пригласили Антона Ивановича к нам в институт работать. 我们聘请了安东·伊万诺维奇到我们学校工作。

стро́ить, стро́ю, стро́ишь, стро́ят

постро́ить (*что*) 建筑，建造，制造

1) Мой отец — инженер. Он строит дома. 我父亲是工程师。他建造楼房。

2) Эти рабочие строят общежития и столовые. 这些工人们建造宿舍和食堂。

3) Недавно они построили новый дворец. 不久前他们建完了一座新宫殿。

4) Что они строят? 他们在建什么?

5) Они строят мост. 他们建造桥梁。

6) Мы строим своё счастье. 我们创造自己的幸福。

сдава́ть, сдаю́, сдаёшь, сдаю́т

сдать, сдам, сдашь, сдаст, сдади́м, сдади́те, сдаду́т; сдал, сдала́, сда́ло, сда́ли (*что*) 考试(及格)

1) Вы уже сдали экзамен? 你们已经通过考试了吗?

2) Обычно мы сдаём экзамены в январе и в июле. 我们通常在一月和六月考试。

3) Сегодня мы сдавали математику. 我们今天考数学了。

4) Завтра студенты будут сдавать грамматику русского языка. 明天大学生们将考俄语语法。

* **учи́ть**

выучить (*что*) 学习(指读、记、背诵等)

1) Она уже выучила слова песни. 她已经记住歌词了。

2) Он уже выучил этот текст. 他已经记住这篇课文了。

3) Студенты уже выучили новые слова. 学生们已经记住生词了。

4) Почему вы не учите новые слова? 为什么你们不背生词?

* **переводи́ть**

перевести́ (*что*) 翻译

1) Я не перевела текст. 我没有翻译完课文。

2) Вы уже перевели стихи Пушкина? 你们已经翻译完普希金的诗歌了吗?

3) Он уже перевёл этот рассказ. 他已经翻译完这篇小说了。

4) Наташа уже перевела эту статью. 娜塔莎已经翻译完这篇文章了。

повторя́ть, повторя́ю, повторя́ешь, повторя́ют

повтори́ть, повторю́, повтори́шь, повторя́т (*что*) 重复;复习

1) Студенты повторяют уроки в своей аудитории. 学生们在教室里复习功课。

2) Маша читает текст, а Саша повторяет диалоги. 玛莎在读课文，而萨沙在复习对话。

3) Вчера они повторяли грамматику. 昨天他们复习语法了。

4) Они уже повторили новые слова. 他们已经复习完生词了。

☞ 句型 **Речевые образцы**

пойти́, пойду́, пойдёшь, пойду́т; пошёл, пошла́, пошло́, пошли́ (*куда*) 开始走，开始去

1) Я хочу пойти в книжный магазин. 我想去书店。

2) Она пошла в библиотеку. 她去图书馆了。

3) Куда он пошёл? 他去哪儿了？

4) Они пошли в Зимний дворец. 他们去冬宫了。

5) Он и его друзья пошли на концерт. 他和他的朋友们去音乐会了。

6) Олег пошёл на вокзал. 奥列格去火车站了。

снима́ть, снима́ю, снима́ешь, снима́ют

снять, сниму́, сни́мешь, сни́мут; снял, сняла́, сня́ло, сня́ли (*что*) 租下来

1) Он хочет снять комнату. 他想租房间。

2) Они хотят снять квартиру. 他们想租房子。

3) Эта фирма хочет снять офис в центре города. 这家公司想在市中心租一个办公室。

4) Молодые люди всегда снимают квартиру в центре города. 年轻人总是在市中心租房子。

получа́ть, получа́ю, получа́ешь, получа́ют

получи́ть, получу́, полу́чишь, полу́чат (*кого-что*) 收到；得到

1) Эти студенты всегда получают пятёрки. 这些学生总是得5分。

2) Вчера он получил четвёрку. 昨天他得了4分。

3) Позавчера Маша получила письмо. 前天玛莎收到了一封信。

4) Оля часто получает красивые цветы. 奥莉娅经常收到漂亮的花。

5) Недавно он получил новую квартиру. 不久前他买了一套新住宅。

бра́ть, беру́, берёшь, беру́т; брал, брала́, бра́ло, бра́ли

взять, возьму́, возьмёшь, возьму́т; взял, взяла́, взя́ло, взя́ли (*кого-что*) 借;买

1) Вчера Антон взял роман «Тихий Дон»в нашей библиотеке. 昨天安东在我们图书馆借了长篇小说《静静的顿河》。
2) Студенты обычно берут книги, учебники и словари в городской библиотеке. 大学生们通常在市图书馆借书、课本和词典。
3) Они взяли курицу и помидор на рынке. 他们在市场上买了鸡和西红柿。
4) Он всегда берёт книги в этом книжном магазине. 他总是在这家书店买书。

проверя́ть, проверя́ю, проверя́ешь, проверя́ют

прове́рить, прове́рю, прове́ришь, прове́рят (*кого-что*) 检查;测验

1) Каждый день вечером этот преподаватель проверяет домашние задания. 每天晚上这位老师都批改家庭作业。
2) Он проверил почту и пошёл на работу. 他查看完了邮件就去上班了。
3) Русская преподавательница Ирина Сергеевна проверяет упражнения в аудитории. 俄罗斯老师伊琳娜·谢尔盖耶夫娜在教室里检查练习。
4) В 7 часов утра он проверял свои часы по радио. 早晨七点他按照广播对表了。

выполня́ть, выполня́ю, выполня́ешь, выполня́ют

вы́полнить, вы́полню, вы́полнишь, вы́полнят (*что*) 完成,执行

1) Он всегда выполняет домашние задания. 他总是完成家庭作业。
2) Он уже выполнил домашние задания. 他已经完成家庭作业了。
3) Они уже выполнили упражнения. 他们已经做完练习了。
4) Они хорошо выполнили свою работу. 他们很好地完成了自己的工作。

☞ 对话 Диалог

про́бовать, про́бую, про́буешь, про́буют

попро́бовать (*что*; *с инф.*) 品尝;尝试

1) Вы пробовали эти блюда? 您尝过这些菜了吗?
2) Я хочу попробовать курицу и рыбу. 我想尝一尝鸡和鱼。
3) Он хочет попробовать салат. 他想尝尝沙拉。
4) Он пробует готовить новые блюда. 他尝试做新菜。
5) Я хочу попробовать читать Пушкина на русском языке. 我想尝试读俄文版的普希金作品。
6) Они хотят попробовать писать стихи на английском языке. 他们想尝试用英语写诗。

реша́ть, реша́ю, реша́ешь, реша́ют

реши́ть, решу́, реши́шь, реша́т (*с инф.*, *что*) 决定;解决,解答

1) Почему вы решили изучать русский язык? 您为什么决定学俄语?
2) Они решили поехать в Москву учиться. 他们决定去莫斯科学习。
3) Он решил работать в институте. 他决定在大学工作。
4) Они уже решили этот вопрос. 他们已经解决了这个问题。

☞ 课文 Текст

мочь, могу́, мо́жешь, мо́гут; мог, могла́, могло́, могли́

смочь (*с инф.*) 能,能够

1) В городской библиотеке вы можете получить книги и словари. 在市图书馆您能借到各种图书和词典。
2) Когда вы можете повторить эти слова? 您什么时候能复习完这些单词?
3) Когда вы можете написать статью в блог? 您什么时候能在博客上写完文章?
4) Они могут ответить на этот вопрос. 他们能回答上这个问题。
5) Они могут выучить этот текст завтра. 他们明天能够背诵下来这篇课文。

Урок 13

☞ 语法 Грамматика

приезжа́ть, приезжа́ю, приезжа́ешь, приезжа́ют

прие́хать, прие́ду, прие́дешь, прие́дут (*куда*, *с инф.*) (乘车、马、船)来到

1) Откуда вы приехали? 你们从哪儿来的?
2) Я приехала из Пекина. 我从北京来。
3) Автобус приехал. 公共汽车来了。
4) Мои родители приехали в Харбин вчера вечером. 昨天晚上我的父母来到了哈尔滨。
5) Они приехали в Москву учиться. 他们来到莫斯科学习了。
6) Она приехала в Киев работать. 她来到基辅工作了。
7) Каждый год мои родители приезжают в Харбин отдыхать. 每年我的父母都来哈尔滨休息。

висе́ть, вишу́, виси́шь, вися́т (*где*) 悬挂

1) На стене висят карты России и Китая. 墙上挂着俄罗斯和中国地图。
2) На стене висят картины. 墙上挂着一些画。
3) Какая карта висит на стене в вашей аудитории? 你们教室的墙上挂着一张什么地图?
4) Там висит карта Москвы. 那儿挂着莫斯科地图。
5) На де́реве висят большие яблоки. 树上结着大苹果。

☞ 句型 Речевые образцы

возвраща́ться, возвраща́юсь, возвраща́ешься, возвраща́ются

верну́ться, верну́сь, вернёшься, верну́тся (*куда*) 回来,回到

1) Каждый день он возвращается с работы поздно. 每天他下班回来都很晚。
2) Сегодня он вернулся с работы рано. 今天他下班回来得很早。
3) Недавно он вернулся из Средней Азии. 不久前他刚从中亚回来。

4) Вчера он вернулся в университет поздно. 昨天他很晚才回到学校。

по́мнить, по́мню, по́мнишь, по́мнят (*кого-что, о ком-чём*) 记得,记住

1) Я помню имя и фамилию этого артиста. 我记得这位演员的名和姓。

2) Мы хорошо помним стихи Пушкина. 我们牢牢地记住普希金的诗。

3) Я хорошо помню его адрес. 我清楚地记得他的地址。

4) Вы меня помните? 您记得我吗?

спра́шивать, спра́шиваю, спра́шиваешь, спра́шивают
спроси́ть, спрошу́, спро́сишь, спро́сят (*кого-что*) 问,打听

1) На уроке учителя часто спрашивают учеников. 课堂上老师们(中小学)经常提问学生。

2) На занятиях преподаватели часто спрашивают студентов. 课堂上老师们(大学)经常提问学生。

3) Почему спрашивают мой электронный адрес? 为什么大家都问我的电子信箱地址?

4) Завтра я буду спрашивать у вас новые слова. 明天我将问你们生词。

☞ 对话 **Диалог**

боле́ть, боли́т, боля́т 痛,疼

1) У меня сильно болит голова. 我的头很疼。

2) У него болят ноги. 他腿疼。

3) У моего дедушки болит сердце. 我爷爷心脏疼。

4) У Бориса болит горло. 鲍里斯嗓子疼。

5) Вчера у Юры болела рука. 昨天尤拉胳膊疼。

слы́шать, слы́шу, слы́шишь, слы́шат
услы́шать (*что*) 听说,听见

1) Я вас плохо слышу. 我听不清您说话。

2) О вас я много слышала. 我听说过许多关于您的事。

3) Я мало слышал о вашем отце. 关于您父亲的事我听说的不多。

4) Моя бабушка плохо слышит. 我奶奶听力不好。

5) Я много слышала о Петербурге и хочу посмотреть этот прекрасный город. 我听说过许多关于圣彼得堡的事，并想看看这座美丽的城市。

☞ 课文 Текст

знако́миться, знако́млюсь, знако́мишься, знако́мятся

познако́миться (*с кем-чем*) 相识，认识；了解，熟悉

1) Саша и Маша познакомились, когда они вместе учились в средней школе. 萨沙和玛莎是一起在中学学习的时候认识的。
2) Друзья познакомились, когда они вместе учились в ХПУ на математическом факультете. 朋友们是一起在哈工大数学系学习的时候认识的。
3) Эти иностранные студенты познакомились, когда они вместе учились в ХГУ на филологическом факультете. 这些外国大学生是一起在哈工大学习语文的时候认识的。
4) Вера и Борис познакомились, когда они вместе работали в фирме. 薇拉和鲍里斯是一起在公司工作的时候认识的。
5) Они познакомились в автобусе. 他们是在公共汽车上认识的。
6) Недавно они познакомились на вечере на русском языке. 他们是不久前在俄语晚会上认识的。

преподава́ть, преподаю́, преподаёшь, преподаю́т (*что*) 教；执教

1) Мой отец преподаёт в университете. 我父亲在大学教书。
2) Моя мать преподаёт в средней школе. 我母亲在中学教书。
3) Она преподаёт геологию в МГУ на геологическом факультете. 她在莫斯科大学地质系教书。
4) Она преподаёт русский язык и литературу в МГУ на филологическом факультете. 她在莫斯科大学语言系教俄罗斯语言及文学。
5) Софья преподаёт историю в МГУ на историческом факультете. 索菲娅在莫斯科大学历史系教历史。
6) Раньше Елена Ивановна преподавала музыку в музыкальной школе. 过去叶莲娜·伊万诺夫娜在音乐学校教音乐。
7) Семён Михайлович преподаёт химию в педагогическом институте.

谢苗·米哈伊洛维奇在师范学院教化学。

потомý что 因为

1) Отец не может долго читать, потому что у него болят глаза. 父亲不能长时间阅读,因为他眼睛疼。

2) Вадим изучает русский язык, потому что хочет жить и работать в России. 瓦季姆是学俄语的,因为他想在俄罗斯生活和工作。

3) Володя изучает немецкий язык, потому что ему нравится немецкая литература. 沃洛佳是学德语的,因为他喜欢德国文学。

4) Мы много занимаемся, потому что хотим хорошо знать русский язык. 我们很用功学习,因为我们想精通俄语。

5) Петя решил учиться на филологическом факультете, потому что он любит русский язык и русскую литературу. 佩佳决定在语言系学习,因为他喜欢俄语和俄罗斯文学。

понимáть, понимáю, понимáешь, понимáют

поня́ть, поймý, поймёшь, поймýт; пóнял, понялá, пóняло, пóняли (*кого-что*) 理解,明白

1) Я хорошо вас понимаю. 我很理解您。

2) Он плохо меня понимает. 他不明白我的意思。

3) Вы всё понимаете? 您都明白了吗?

4) Они любят и хорошо понимают друг друга. 他们彼此相爱,并能很好地相互理解。

5) Я тебя понял. 我明白你的意思了。

6) Мать поняла сына. 妈妈理解儿子了。

7) Мы хорошо понимаем грамматику. 语法我们弄得很明白。

8) Мы хорошо его понимаем, когда он говорит по-русски. 他说俄语的时候,我们能很好地明白他的话。

9) Вы меня понимаете, когда я говорю по-русски? 我说俄语的时候,你们能明白吗?

друг дрýга 互相

1) Они понимают друг друга. 他们能互相理解。

2) Что вы думаете друг о друге? 您彼此有什么看法?

3) Мы учимся друг у друга. 我们互相学习。

4) Они живут далеко друг от друга. 他们彼此住得很远。

5) Мы хорошо знаем друг друга. 我们彼此很了解。

6) Все счастливые семьи похожи друг на друга, каждая несчастливая семья несчастлива по-своему. 幸福的家庭都是相似的,不幸的家庭各有各的不幸。

Урок 14

☞ 句型 Речевые образцы

бóльше всегó 最

1) Из всех русских поэтов я больше всего люблю Пушкина. 在所有的俄罗斯诗人中我最喜欢普希金。

2) Из всех русских композиторов моя сестра больше всего любит Чайковского. 在所有俄罗斯作曲家中我姐姐最喜欢柴可夫斯基。

3) Кого вы больше всего любите из всех русских художников? 在所有的俄罗斯画家中你们最喜欢谁?

4) Из всех русских городов студенты больше всего любят Москву. 在所有俄罗斯城市中学生们最喜欢莫斯科。

5) Из всех московских театров мы больше всего любим Большой театр. 在所有莫斯科剧院中我们最喜欢大剧院。

☞ 对话 Диалог

приним́ать, приним́аю, приним́аешь, приним́ают

прин́ять, прим́у, пр́имешь, пр́имут; пр́инял, принял́а, пр́иняло, пр́иняли (*кого-что*) 录取;接受

1) Каждый год МГУ принимает много студентов и аспирантов из разных стран мира. 每年莫斯科大学都录取很多来自世界各国的本科生和研究生。

2) Каждый год ХПУ принимает много студентов и аспирантов из разных городов страны. 每年哈尔滨工业大学都录取很多来自国内不

同城市的本科生和研究生。

3) Каждый год наш университет принимает мало студентов из Шанхая. 每年我们学校录取的上海学生不多。

4) Как университеты в США принимают иностранных студентов? 美国的大学是如何录取外国大学生的?

☞ 课文 **Текст**

забыва́ть, забыва́ю, забыва́ешь, забыва́ют

забы́ть, забу́ду, забу́дешь, забу́дут (*кого-что*, *о ком-чём*, *с инф.*) 忘记;忽略

1) Он всегда всё забывает. 他总是什么都忘。

2) Она часто забывает домашние задания. 她经常忘记家庭作业。

3) Извините, я забыл ваш номер телефона. 不好意思,我忘了您的电话号码。

4) Я забыла фамилию нашей русской преподавательницы. 我忘了我们俄罗斯老师的名字。

5) Вчера она забыла учебник в общежитии. 昨天她把课本忘在宿舍了。

за́нят, занята́, за́нято, за́няты (*чем*) 忙,有事儿,没空儿

1) Телефон занят. 电话占线。

2) В последнее время я очень занят. 最近我很忙。

3) Она очень занята, много занимается. 她非常忙,学习很用功。

4) Чем они заняты сейчас? 他们现在忙什么呢?

5) Они заняты своими делами. 他们在忙自己的事。

проси́ть, прошу́, про́сишь, про́сят

попроси́ть (*кого-что с инф.*) 请求

1) Он попросил меня перевести эту статью завтра. 他让我明天翻译完这篇文章。

2) Студенты просят преподавателя повторить вопрос ещё раз. 学生们请老师再重复一遍问题。

3) Подруга попросила Лиду написать о Харбинском политехническом

университете. 朋友请莉达写一下哈工大的介绍。

4) Друзья попросили Васю спеть ещё одну русскую народную песню. 朋友们请瓦夏再唱一首俄罗斯民歌。

Урок 15

☞ 语法 Грамматика

передава́ть, передаю́, передаёшь, передаю́т

переда́ть, переда́м, переда́шь, переда́ст, передади́м, передади́те, передаду́т; пе́редал, передала́, пе́редало, пе́редали (*что кому*) 转交, 交给

1) Вы не можете передать ему это письмо? 您能把这封信转交给他吗?
2) Вы можете передать эту книгу моему соседу? 您能把这本书转交给我的邻居吗?
3) Можете ли вы передать письмо моей жене? 您能把信转交给我的妻子吗?
4) Он попросил меня передать привет этому молодому преподавателю. 他请我向这位年轻的老师转达他的问候。
5) Передайте всем студентам мой привет. 请向所有的同学转达我的问候。

помога́ть, помога́ю, помога́ешь, помога́ют

помо́чь, помогу́, помо́жешь, помо́гут; помо́г, помогла́, помогло́, помогли́ (*кому-чему, с инф.*) 帮助, 援助

1) Он всегда помогает своей сестре. 他一直都帮助他的妹妹。
2) Кому всегда помогает Саша? 萨沙一直在帮助谁?
3) Искусство и литература помогают человеку в жизни и работе. 艺术和文学能够在生活和工作中帮助人。
4) Я помогаю ему изучать математику. 我帮他学习数学。
5) Кто помогал тебе писать сочинение? 谁帮你写作文了?

* **учи́ться**

научи́ться (*чему*) 学习

1) Какому языку вы учитесь? 您学什么语言?

2) Какому языку вы учились в школе? 您中学时学过哪种语言?

3) В школе Маша училась музыке. 在中学时玛莎学过音乐。

4) Мальчики учатся футболу в Англии. 小男孩们在英国学习足球。

звони́ть, звоню́, звони́шь, звоня́т

позвони́ть (*кому*) 给……打电话;按铃

1) Мать каждый день звонит своему сыну. 母亲每天都给儿子打电话。

2) Вчера я звонила ему несколько раз. 昨天我给他打了几次电话。

3) Мне нужно позвонить преподавателю Вану. 我需要给王老师打电话。

4) Завтра я вам позвоню. 明天我给您打电话。

5) Кому вы звонили вчера? 昨天您给谁打电话了?

6) Кому вы часто звоните? 您经常给谁打电话?

7) Она будет звонить матери. 她将要给母亲打电话。

пое́хать, пое́ду, пое́дешь, пое́дут (*куда*) (乘车、船等)前往,出发

1) Он купил синий шарф и поехал домой. 他买了蓝色的围巾就回家了。

2) Я поеду к ним в гости в субботу вечером. 星期六晚上我要去他们家做客。

3) Летом мы поедем в Сибирь к бабушке. 夏天我们要去西伯利亚的奶奶那儿。

4) К кому ты поедешь завтра? 明天你要到谁那儿去?

5) Вчера утром он поехал в Пекин. 昨天早晨他去北京了。

дава́ть, даю́, даёшь, даю́т

дать, дам, дашь, даст, дади́м, дади́те, даду́т; дал, дала́, да́ло, да́ли (*что кому*) 给,提供

1) Он дал мне свой учебник. 他把自己的教科书给了我。

2) Кому вы дали свой цифровой фотоаппарат? 你把自己的数码相机给谁了?

3) Она дала свой адрес английской преподавательнице. 她把自己的地址给英国老师了。

4) Он дал словарь этому студенту. 他把字典给了这名学生。

пока́зывать, пока́зываю, пока́зываешь, пока́зывают

показа́ть, покажу́, пока́жешь, пока́жут (*что кому*) 把……给……看

1) Покажите мне, пожалуйста, синее пальто. 请把那件蓝色的大衣给我看看。
2) Он показал мне все свои фотографии. 他给我看了他所有的照片。
3) Люба показала нам свою квартиру. 柳芭带我们参观了她的新住宅。
4) На занятиях русский преподаватель показал студентам фильм о Москве. 在课堂上俄罗斯老师给学生们看了一部关于莫斯科的电影。
5) Я люблю показывать друзьям свои фотографии. 我喜欢给朋友们展示我的照片。
6) Мы покажем гостям город. 我们将带客人们参观城市。
7) Переводчик показал иностранным туристам музей «Гугун». 翻译带外国游客参观了故宫博物院。

дари́ть, дарю́, да́ришь, да́рят

подари́ть (*что кому*) 赠送

1) Родители часто дарят своей дочке хорошие книги. 父母经常赠送自己的女儿好书。
2) Он подарил Олегу галстук и книгу. 他赠送了奥列格一条领带和一本书。
3) Что ты думаешь подарить Маше? 你想赠送玛莎什么?
4) Я решила подарить ей книгу о Москве. 我决定赠送她一本关于莫斯科的书。
5) Я подарил ей карту России. 我赠送了她一幅俄罗斯地图。
6) Я обязательно подарю ей цветы. 我一定要送她花。
7) Я подарила своим друзьям книги. 我送给了自己的朋友一些书。
8) В день 8 марта женщинам обязательно дарят цветы. 三八节一定要给女士送花。
9) Почему мужчинам не дарят подарки и цветы? 为什么不给男士送礼物和花?

обеща́ть, обеща́ю, обеща́ешь, обеща́ют

пообеща́ть (*что*, *с инф.*) 答应,许诺

1) Алёша обещал мне билет на концерт. 阿廖沙答应给我一张音乐会的票。

2) Он обещал прийти ко мне в 3 часа. 他许诺三点来找我。

3) Он обещал вовремя прийти на собрание. 他许诺按时来开会。

4) Он обещал вернуться завтра. 他许诺明天回家。

приходи́ть, прихожу́, прихо́дишь, прихо́дят

прийти́, приду́, придёшь, приду́т; пришёл, пришла́, пришло́, пришли́ (*куда с инф.*) 到来,来到

1) Он приходит ко мне каждый день. 他天天到我这儿来。

2) Саша всегда приходит ко мне на помощь. 萨沙总是来帮我忙。

3) Вчера отец пришёл с работы домой поздно. 昨天爸爸下班回家很晚。

4) Приходите сегодня вечером ко мне в гости. 今天晚上一定来我家做客。

☞ 句型 **Речевые образцы**

проходи́ть, прохожу́, прохо́дишь, прохо́дят

пройти́, пройду́, пройдёшь, пройду́т; прошёл, прошла́, прошло́, прошли́ (*куда*) 走过去,走到

1) Как пройти в музей «Гугун»? 去故宫博物院怎么走?

2) Как пройти в библиотеку? 去图书馆怎么走?

3) Как пройти к новому цирку? 去新马戏团怎么走?

4) Скажите, пожалуйста, как пройти к Большому театру? 请问,去大剧院怎么走?

☞ 对话 **Диалог**

нра́виться, нра́влюсь, нра́вишься, нра́вятся

понра́виться (*кому-чему*) 喜欢;爱慕

1) Вам нравится этот костюм? 您喜欢这套西服吗?

2) Как вам понравился этот фильм? 您觉得这部电影怎么样?

3) Ей не нравится этот молодой человек. 她不喜欢这个年轻人。

4) Мне очень нравится русское искусство. 我非常喜欢俄罗斯艺术。

5) Моим друзьям очень нравится русская музыка. 我的朋友们非常喜欢俄罗斯音乐。

6) Мне понравился красивый зелёный шарф. 我很喜欢这条漂亮的绿围巾。

сто́ить, сто́ит, сто́ят (*что*) 值(多少),价钱是

1) Сколько стоит этот костюм? 这套西服多少钱?
2) Книга стоит 20 юаней. 书的价钱是20元。
3) Брюки стоят до́рого. 裤子非常贵。
4) Моё пальто стоило до́рого. 我的大衣很贵。

☞ 课文 **Текст**

пригота́вливать, пригота́вливаю, пригота́вливаешь, пригота́вливают
пригото́вить, пригото́влю, пригото́вишь, пригото́вят (*кого-что*) 把……准备好

1) Я хочу пригласить вас на чай. Я уже всё приготовила. 我想请您喝茶,我已经都准备好了。
2) Жена помогла мужу приготовить ужин. 妻子帮丈夫准备好了晚饭。
3) Как приготовить пиццу? 怎么做比萨饼?
4) Что приготовить на завтрак? 早餐准备吃什么?

Урок 16

☞ 语法 **Грамматика**

ходи́ть, хожу́, хо́дишь, хо́дят (*куда*) 走,去

1) Он долго ходил по комнате. 他在房间里来回走了很久。
2) Летом дети любят ходить в лес. 夏天孩子们喜欢去森林。
3) В свободное время я много хожу по Москве. 空闲时我常在莫斯科步行游览。
4) Утром поезда в метро ходят быстро. 早上地铁开得很快。
5) Мы часто ходим в этот театр. 我们经常去这家剧院。
6) К кому вы часто ходите в гости? 您经常去谁那儿做客?
7) Кто часто ходит к вам в гости? 谁经常来您这儿做客?
8) По субботам и воскресеньям я хожу в музеи и на выставки. 每周六

和周日我都去博物馆和展览会。

9) Вчера Маша ходила к своему первому учителю Ивану Сергеевичу. 昨天玛莎去她的第一位老师伊万·谢尔盖耶维奇那里了。

10) Ребёнок теперь учится ходить. 小孩儿现在在学习走路。

11) Его дочка ходит в детский сад. 他女儿上幼儿园了。

12) Он уже ходит в школу. 他已经上学了。

приноси́ть, приношу́, прино́сишь, прино́сят

принести́, принесу́, принесёшь, принесу́т; принёс, принесла́, принесло́, принесли́ (*кого-что кому*) 带来,拿来

1) Анна Петровна, вам принесли цветы. 安娜·彼得罗夫娜,有人给您送来了花。

2) Нина принесла своим подругам хорошие подарки. 尼娜给自己的朋友们带来了好礼物。

3) Принесите мне, пожалуйста, сегодняшнюю газету. 请给我拿来今天的报纸。

4) Когда мы приходим в гости, мы обычно приносим цветы хозяйке дома. 当我们去做客时,我们通常给女主人带花。

исполня́ться исполня́ется, исполня́ются

испо́лниться, испо́лнится, испо́лнятся (*кому-чему*) (年龄)满

1) Скоро ему исполнится тридцать лет. 他很快就满 30 岁了。

2) Завтра ей исполнится 20 лет. 明天她将满 20 岁。

3) Ему уже исполнился сорок один год. 他已经满 41 岁了。

4) Когда Лене исполнилось 19 лет, она поступила в университет. 当列娜 19 岁时,她考上了大学。

поступа́ть, поступа́ю, поступа́ешь, поступа́ют

поступи́ть, поступлю́, посту́пишь, посту́пят (*куда*) 进入,加入

1) Он поступил в Московский технический университет им. Н. Э. Баумана. 他考入了莫斯科鲍曼技术大学。

2) Они поступили в Харбинский политехнический университет в этом году. 今年他们考入了哈尔滨工业大学。

3) Когда вы поступили в университет? 您是什么时候考上大学的?

4) Сколько вам было лет, когда вы поступили в школу? 您进入中学的时候是多大年龄?

окáнчивать, окáнчиваю, окáнчиваешь, окáнчивают

окóнчить, окóнчу, окóнчишь, окóнчат (*что*) 结束;毕业

1) Он окончит университет через 3 года. 三年后他大学毕业。

2) Она окончила школу в 17 лет. 她17岁时中学毕业了。

3) В каком возрасте они окончили школу? 他们中学毕业时是多大年龄?

4) Какой университет вы окончили? 您毕业于哪所大学?

5) Когда вы окончили школу? 您是什么时候中学毕业的?

6) Сколько вам было лет, когда вы окончили школу? 你们中学毕业时是多大年龄?

7) Когда мне было 22 года, я окончила университет. 当我22岁时,我大学毕业了。

8) Обычно студент оканчивает вуз, когда ему исполняется 23 года. 通常学生23岁时大学毕业。

9) Сколько вам будет лет, когда вы окончите университет? 你们大学毕业时将是多大年龄?

начинáть, начинáю, начинáешь, начинáют

начáть, начнý, начнёшь, начнýт; нáчал, началá, нáчало, нáчали (*что*, *с инф.*) 开始,着手

1) Когда вы начали изучать английский язык? 你们是什么时候开始学习英语的?

2) После школы он начал работать на заводе. 中学毕业后他开始在工厂工作。

3) Я начал изучать русский язык ещё тогда, когда я учился в средней школе. 我还是在中学读书时就开始学俄语了。

4) В декабре москвичи начинают ходить на лыжах. 12月份莫斯科人开始滑雪。

☞ 句型 **Речевые образцы**

отправля́ться, отправля́юсь, отправля́ешься, отправля́ются

отпра́виться，отпра́влюсь，отпра́вишься，отпра́вятся（*куда*）出发，前往

1）Поезд Москва-Сочи отправляется в 8 часов вечера. 莫斯科－索契的列车晚上八点开车。

2）Утром он отправился в горы. 早晨他动身到山里去了。

3）Дмитрий Медведев отправился во Францию. 德米特里·梅德韦杰夫前往法国了。

4）В среду они отправились во Владивосток. 周三他们去海参崴了。

5）Скажите，пожалуйста，когда отправляется поезд в Москву? 请问，去往莫斯科的火车什么时候出发?

6）Поезд в Санкт-Петербург отправляется в три часа дня. 前往圣彼得堡的火车下午三点出发。

☞ 课文 **Текст**

узнава́ть，узнаю́，узнаёшь，узнаю́т

узна́ть，узна́ю，узна́ешь，узна́ют（*кого-что*，*о ком-чём*）得知，打听到

1）Об этом я узнал из газеты. 我是从报纸上得知这件事的。

2）Узнай，когда уходит поезд. 去打听一下，火车什么时候出发。

3）Он бросил работу，когда узнал это. 他得知这件事就辞职了。

4）Его адрес можно узнать в справочном бюро. 在问询处可以打听到他的地址。

5）Это помогло мне узнать много нового и интересного. 这帮我了解到了很多新鲜而有趣的事。

6）Недавно у Марины я узнала номер вашего телефона. 前不久我从玛琳娜那里得知了您的电话号码。

конча́ть，конча́ю，конча́ешь，конча́ют

ко́нчить，ко́нчу，ко́нчишь，ко́нчат（*что*，*с инф.*）毕业；完成

1）Учитель кончил урок в 11 часов. 老师11点就下课了。

2）Она кончила работу в 5 часов，а домой пришла в 6 часов. 她5点结束了工作，6点回到了家。

3) Магазин кончает работать в 7 часов вечера. 商店晚上7点关门。

4) Он не кончил читать рассказ, потому что пришли его друзья. 他没有读完故事,因为他的朋友们来了。

5) Обычно школьник кончает школу, когда ему исполняется восемнадцать лет. 通常中学生18岁毕业。

составля́ть, составля́ю, составля́ешь, составля́ют

соста́вить, соста́влю, соста́вишь, соста́вят (*что*) 编辑;组成

1) Они составили русско-китайский словарь. 他们编写了俄汉词典。

2) Когда вы научились составлять программы на компьютере? 你们什么时候学会用电脑编写程序的?

3) Профессора МГУ составили учебник русского языка для студентов-иностранцев. 莫斯科大学的教授们为外国学生编写了俄语教科书。

4) Когда ему было семь лет, он сам составлял программы на домашнем компьютере. 当他7岁的时候,他就自己在家用电脑上编写程序。

зака́нчивать, зака́нчиваю, зака́нчиваешь, зака́нчивают

зако́нчить, зако́нчу, зако́нчишь, зако́нчат (*что*) 完成,做完,结束

1) Завтра закончим пятый урок. 明天我们将结束第5课。

2) Когда вы закончите работу над словарём? 您将什么时候结束词典的编写工作?

3) Необходимо закончить эту работу к первому марта. 到3月1号必须结束这项工作。

4) В десять лет этот мальчик закончил школьную программу. 这个男孩10岁时就完成了中学的教学计划。

ве́рить, ве́рю, ве́ришь, ве́рят

пове́рить (*кому-чему, во что*) 相信,坚信

1) Он мне не верит. 他不相信我。

2) Студенты не верят его словам. 学生们不相信他的话。

3) Больные верят этому врачу. 病人们相信这位医生。

4) Они верят друг другу. 他们相互信任。

5) Почему люди верят в Бога? 为什么人们信仰上帝?

6) Я сразу поверил в этого человека. 我立刻对这个人充满了信心。

7) Многие верят в Бога, но немногим верит Бог. 很多人信仰上帝，但上帝只相信为数不多的人。

8) Трудно поверить, что матрёшка совсем молода́, ей нет и ста лет. 很难相信，套娃很年轻，她还不到100岁。

Урок 17

☞ 语法 Грамматика

* **занима́ться** (*чем*) 学习，从事

1) Надо каждый день заниматься спортом. 应该每天都进行体育锻炼。

2) Где вы занимаетесь спортом каждый день? 您每天在哪儿进行体育锻炼？

3) Чем вы занимаетесь каждый день вечером? 您每天晚上都做什么？

4) Чем занимаются студенты в свободное время? 学生们空闲时做什么？

5) Я занимаюсь русским языком два часа в день. 我每天学习俄语两个小时。

6) Они вместе занимаются русским языком, математикой и химией. 他们一起学习俄语、数学和化学。

интересова́ться, интересу́юсь, интересу́ешься, интересу́ются (*кем-чем*) 对……感兴趣

1) Чем вы интересуетесь? 您对什么感兴趣？

2) Чем вы интересовались в школе? 在中学时你们对什么感兴趣？

3) С детства я интересуюсь китайской историей. 从小我就对中国历史感兴趣。

4) Он интересуется математикой и химией. 他对数学和化学感兴趣。

5) Дети всегда интересуются, о чём разговаривают взрослые. 孩子们总是对大人们谈论的事情感兴趣。

6) Во сколько лет мальчики начинают интересоваться девочками? 多大年龄时小男孩儿开始对小女孩儿感兴趣？

встреча́ться, встреча́юсь, встреча́ешься, встреча́ются

встре́титься，встре́чусь，встре́тишься，встре́тятся（*с кем-чем*）相遇，遇见，碰到

1) Я давно не встречалась с Андреем. 我很久没有遇见安德烈了。
2) С кем ты встретился вчера в парке? 你昨天在公园遇见谁了？
3) Я часто встречаюсь с этим человеком в столовой. 我经常在食堂碰到这个人。
4) На рынке мы встретились с русской преподавательницей. 在市场上我们遇见了俄罗斯老师。

случа́ться，случа́ется，случа́ются

случи́ться，случи́тся，случа́тся（*с кем*）发生

1) Что случилось с Сашей? 萨沙发生什么事了？
2) Что случилось с этим студентом? 这名大学生发生什么事了？
3) Что случилось с ней? Почему она не была на занятиях? 她发生什么事了？为什么没来上课？
4) Что случилось с ними? Почему они не пришли на собрание? 他们怎么了？为什么没有来开会？

* **знако́миться**；

познако́миться（*с кем-чем*）相识，认识；了解，熟悉

1) Мой друг хочет познакомиться с вами. 我的朋友想与您认识一下。
2) Я познакомилась с ними на юге. 我是在南方认识他们的。
3) Он познакомился с ней летом в Харбине. 夏天他在哈尔滨认识了她。
4) С кем вы познакомились летом? 夏天您和谁相识了？
5) С какой артисткой познакомились аспиранты? 研究生们与哪位女演员相识了？
6) С каким писателем познакомились дети на выставке? 孩子们在展览会上认识了哪位作家？
7) Как знакомиться с мужчинами? 怎样同男士相识？
8) Я люблю знакомиться с разными людьми. 我喜欢认识不同的人。
9) Русские любят знакомиться с китайцами. Они говорят, что китайцы умные и трудолюбивые. 俄罗斯人喜欢与中国人相识。他们说，中国人聪明而勤劳。

10) Вчера мы приехали в столицу и сразу же начали знакомиться с городом. 昨天我们来到了首都并立刻开始了解这座城市。

11) В средней школе я уже начал знакомиться с произведениями Льва Толстого. 在中学时我已经开始了解列夫·托尔斯泰的作品。

* **рабо́тать** (*кем*) 担任，任……职

1) Кем вы работаете? 您是做什么工作?

2) Мой отец работает переводчиком. 我的父亲是翻译。

3) Моя мать раньше работала журналистом в газете. 我母亲以前是报社记者。

4) Мой муж работает директором средней школы. 我丈夫是中学校长。

☞ 句型 **Речевые образцы**

привыка́ть, привыка́ю, привыка́ешь, привыка́ют

привы́кнуть, привы́кну, привы́кнешь, привы́кнут; привы́к, привы́кла, привы́кло, привы́кли (*к чему*, *с инф.*) 习惯；学会

1) Я привыкла к студе́нческой жизни. 我习惯了大学生生活。

2) Она уже привыкла к климату в Харбине. 她已经习惯了哈尔滨的气候。

3) Он уже привык рано вставать. 他已经习惯了早起。

4) Они привыкли писать карандашом. 他们习惯了用铅笔写字。

умыва́ться, умыва́юсь, умыва́ешься, умыва́ются

умы́ться, умо́юсь, умо́ешься, умо́ются (*чем*) 洗脸

1) Она умывается тёплой водой. 她用温水洗脸。

2) Они уже привыкли умываться холодной водой зимой. 他们已经习惯了冬天用凉水洗脸。

3) Каждый день утром она умывается горячей водой. 每天早晨她都用热水洗脸。

4) Каждый день рано утром я встаю, умываюсь, одеваюсь и готовлю завтрак. 每天早晨我早起、洗脸、穿衣服并准备早餐。

5) Он быстро умылся, поел и вышел и́з дому. 他快速地洗了脸，吃了饭就离开了家。

пробле́ма（*с чем*）复杂问题；难题

1）У меня проблема с грамматикой русского языка. 我俄语语法方面有很大困难。

2）У него проблема с сердцем. 他心脏有问题。

3）Есть ли у вас проблемы с математикой? 你们数学有没有困难？

4）У них нет проблем с русским произношением. 他们没有俄语发音困难。

5）Антон южанин. У него проблема с интонацией русского языка. 安东是南方人。在俄语语调方面有困难。

＊**быть**（*кем*）是，当

1）Кем вы будете? 您将来要做什么？

2）Чей брат был врачом? 谁的哥哥曾经是医生？

3）Чья сестра была медсестрой? 谁的姐姐曾经是护士？

4）Кто будет программистом? 谁将成为程序员？

5）Чей дядя был продавцом? 谁的叔叔曾经是售货员？

6）Кто был композитором? 谁曾经是作曲家？

7）Он был музыкантом. 他曾经是音乐家。

☞ 对话 **Диалог**

станови́ться，становлю́сь，стано́вишься，стано́вятся

стать，ста́ну，ста́нешь，ста́нут（*кем-чем*，*каким*）成为

1）Кем вы хотите стать после университета? 大学毕业后你们想做什么？

2）После института он стал переводчиком. 大学毕业后他成为了翻译。

3）Я хочу стать хорошим журналистом, как мой отец. 我想像我父亲一样成为一名好记者。

4）Она хочет стать преподавательницей, как её мать. 她想像她母亲一样成为一名教师。

5）Нина очень любит детей, она должна стать учительницей. 尼娜非常喜欢孩子，她应该成为老师。

открыва́ть，открыва́ю，открыва́ешь，открыва́ют

откры́ть，откро́ю，откро́ешь，откро́ют（*что*）打开；开办

1) Иван Иванович открыл школу в этом городке. 伊万·伊万诺维奇在这座城市开办了一所学校。
2) Братья открыли торговую фирму в своём родном городе. 兄弟们在自己的故乡开办了一家贸易公司。
3) После университета они открыли свой собственный бизнес. 大学毕业后他们开始自己做生意了。
4) Он мечтает открыть свой собственный бизнес. 他向往开始自己做生意。

совéтовать, совéтую, совéтуешь, совéтуют

посовéтовать (*кому-чему что*, *с инф.*) 建议

1) Я советую тебе работать дипломатом. 我建议你做一名外交官。
2) Советую вам отдохнуть. 我建议您休息一下。
3) Мне посоветовали прочитать эту книгу. 大家建议我读一下这本书。
4) Доктор советует ему не принимать гостей. 医生建议他不要接待客人。
5) Пожалуйста, посоветуйте, в какой институт мне поступить. 请建议一下,我该上哪所大学。

éздить, éзжу, éздишь, éздят (*куда*) (乘车、船等)来往,经常去

1) С кем вы ездили отдыхать? 您跟谁一起去休息了?
2) Она привыкла ездить на работу на метро. 她习惯了坐地铁上班。
3) Вы часто ездите на автобусе? 您经常坐公共汽车吗?
4) Зимой каждую субботу мы ездим кататься на лыжах. 冬天每周六我们都去滑雪。
5) Каждое утро мы ездим на работу на машине. 每天早晨我们开车上班。
6) Я люблю ездить по странам, по всему миру. 我喜欢到世界各国旅行。

☞ 课文 Текст

заболевáть, заболевáю, заболевáешь, заболевáют

заболéть, заболéю, заболéешь, заболéют (*чем*) 生病

1) Они тяжело заболели. 他们得了重病。

2) Он заболел и не пришёл на занятия. 他病了,没来上课。

3) Чтобы не заболеть, надо часто заниматься спортом. 要想不生病,应该经常进行体育锻炼。

4) Почему люди заболевают раком? 为什么人们会得癌症?

называ́ть, называ́ю, называ́ешь, называ́ют

назва́ть, назову́, назовёшь, назову́т; назва́л, назвала́, назва́ло, назва́ли (*кого-что кем-чем*) 称作;说出

1) Нина называет Наташу учительницей. 尼娜将娜塔莎称作老师。

2) Харбин называют восточной Москвой. 哈尔滨被称作东方莫斯科。

3) Харбин называют Ледяным городом. 哈尔滨被称作冰城。

4) Сегодня мы уже называем наш век веком космоса. 今天我们称我们的世纪为宇宙时代。

5) Пушкина называют солнцем русской поэзии. 普希金被称作俄罗斯诗歌的太阳。

6) Санкт-Петербург можно назвать одним из самых красивых городов в мире. 圣彼得堡可称为世界上最漂亮的城市之一。

7) Санкт-Петербург называют городом дождей и туманов. И ещё его называют городом белых ночей. 圣彼得堡被称作雨雾之城,还被称为白夜城。

наступа́ть, наступа́ю, наступа́ешь, наступа́ют

наступи́ть, наступлю́, насту́пишь, насту́пят (某种时间)来临,到来

1) Наступила весна. 春天来了。

2) Наступает Новый год. 新年就要到了。

3) Наступают зимние каникулы. 寒假就要到了。

4) Зима в этом году наступила быстро и рано. 今年冬天来得又快又早。

продолжа́ть, продолжа́ю, продолжа́ешь, продолжа́ют

продо́лжить, продо́лжу, продо́лжишь, продо́лжат (*что*, *с инф.*) 继续

1) Ребята, продолжим наши занятия. 同学们,我们继续上课。

2) Завтра продолжим наши переговоры. 明天我们继续谈判。

3) Они продолжают играть в шахматы. 他们继续下象棋。

4) Политики Европы продолжают поддерживать Путина. 欧洲的政治家们继续支持普京。

до́лжен, должна́, должно́, должны́ (*с инф.*) 应该,应当

1) Он должен хорошо учиться. 他应该好好学习。

2) Мы должны хорошо работать. 我们应该好好工作。

3) Она должна вернуться завтра. 她应该明天回来。

4) Они должны быть вместе. 他们应该在一起。

5) Они должны быть добрыми и трудолюбивыми. 他们应该成为善良而勤劳的人。

выбира́ть, выбира́ю, выбира́ешь, выбира́ют

вы́брать, вы́беру, вы́берешь, вы́берут; вы́брал, вы́брала, вы́брало, вы́брали (*кого-что*) 选择,选举

1) Кто помог вам выбрать профессию инженера? 谁帮您选择的工程师这个职业?

2) Как правильно выбрать профессию? 如何正确选择职业?

3) Она помогла мне выбрать подарок мужу. 她帮我选了给丈夫的礼物。

4) Они выбирают старосту. 他们在选举班长。

5) Они выбрали Володю старостой. 他们选沃洛佳为班长了。

Урок 18

☞ 语法 Грамматика

иска́ть, ищу́, и́щешь, и́щут (*кого-что*) 找,寻找

1) Дети ищут родителей. 孩子们在找父母。

2) Они ищут работу. 他们在找工作。

3) Как ищут работу в России? 在俄罗斯如何找工作?

4) Она ничего не ищет. 她什么也没找。

5) Что люди ищут? 人们在找什么?

6) Геологи ищут нефть. 地质学家在找石油。

7) Я искал его везде, но не нашёл. 我到处找他,但是没有找到。

бежáть, бегý, бежи́шь, бегýт（*куда*）跑，急着去

1) Антон бежит на работу. 安东急着去上班。
2) Куда ты бежишь? 你急着去哪?
3) Дети бегут во двор. 孩子们往院子里跑。
4) Как быстро бежит время! 时间过得多么快啊!
5) Бегите за врачом. 快去请医生。
6) Когда я бежал в кино, я видел Володю. 当我急着去电影院时，我看见沃洛佳了。

бéгать, бéгаю, бéгаешь, бéгают 跑

1) Дети бегают в парке. 孩子们在公园里跑。
2) Они часто бегают на стадион после уроков. 下课后他们经常跑到体育场去。
3) Он быстро бегает. 他跑得很快。
4) Пó двору бегают дети. 孩子们围着院子跑。

летéть, лечý, лети́шь, летя́т（*куда*）飞

1) Птица летит на юг. 鸟儿飞往南方。
2) Самолёт летит над Владивостоком. 飞机在海参崴上空飞行。
3) Куда вы сейчас летите? 您现在要飞往什么地方?
4) От Москвы до Санкт-Петербурга самолёт летит 45 минут. 从莫斯科到圣彼得堡飞机飞行45 分钟。
5) Из Санкт-Петербурга до Киева самолёт летит 2 часа. 从圣彼得堡到基辅飞机飞行2 个小时。
6) Сколько часов лететь на самолёте из Москвы до Пекина? 从莫斯科到北京飞机飞行多长时间?

летáть, летáю, летáешь, летáют（*куда*）飞

1) Вы часто летаете во Владивосток? 您经常乘坐飞机去海参崴吗?
2) Я люблю летать на самолёте. 我喜欢乘坐飞机。
3) Современные самолёты летают очень быстро. 现在的飞机飞行得很快。
4) Самолёты над городом летают. 飞机在城市上空飞行。
5) Над полем летали птицы. 鸟儿在田野上空飞翔。

6) Чайки летают над морем. 海鸥在海上飞翔。
7) В этом году я несколько раз летал в Москву. 今年我坐飞机去过几次莫斯科。
8) На прошлой неделе я летал в Омск. 上周我坐飞机去鄂木斯克了。
9) Птицы летают, а не плавают. 鸟儿会飞,而不会游。

опа́здывать, опа́здываю, опа́здываешь, опа́здывают

опозда́ть, опозда́ю, опозда́ешь, опозда́ют (*куда*) 迟到,误点,未赶上

1) Если я немного опоздаю, подождите меня. 如果我迟到一会儿,请等我一下。
2) Самолёт опоздал на час. 飞机晚点了一个小时。
3) Он часто опаздывает на занятия. 他上课经常迟到。
4) Извини, что я опоздала ответить на твоё письмо. 对不起,我给你回信回晚了。

☞ 课文 **Текст**

происходи́ть, происхожу́, происхо́дишь, происхо́дят

произойти́, произойду́, произойдёшь, произойду́т; произошёл, произошла́, произошло́, произошли́ 发生

1) Эта история произошла на севере Китая. 这个故事发生在中国的北部。
2) Это произошло на юге России. 这件事发生在俄罗斯南部。
3) Опять произошёл пожар в лесу. 又发生了森林大火。
4) С ним произошла большая неприятность. 他发生了很不愉快的事。
5) Что там сейчас происходит? 那里正在发生什么事?
6) Журналист должен знать, что происходит в мире ежедневно. 记者应该了解,每天世界上都在发生什么。

вызыва́ть, вызыва́ю, вызыва́ешь, вызыва́ют

вы́звать, вы́зову, вы́зовешь, вы́зовут (*кого-что*) 唤出,叫来;引起

1) Он вызвал опытного врача из города. 他从城市叫来了一位有经验的医生。
2) Дима, тебя вызывают в деканат. 季马,叫你到系主任办公室去。

3) Мы решили немедленно вызвать врача на́ дом. 我们决定立即叫医生到家里来。

4) Его рассказ вызвал у детей большой интерес. 他的讲述引起了孩子们极大的兴趣。

* **проходи́ть**

пройти́ 走过去,走到；过去

1) Там можно пройти пешком. 那里可以走着过去。

2) Вы не скажете, как пройти в храм Неба? 请问,到天坛怎么走?

3) Разрешите пройти. 请让一下。

4) Проходите, раздевайтесь. 请进,请脱外衣。

5) Лето прошло быстро. 夏天很快过去了。

боя́ться, бою́сь, бои́шься, боя́тся (*кого-чего*, *с инф.*) 害怕,担心

1) Он боится отца. 他害怕父亲。

2) Я боюсь жары. 我害怕炎热。

3) Дело мастера боится. 事怕行家。

4) Мы не боимся никаких трудностей. 我们不怕任何困难。

5) Не бойся ошибок — ведь на ошибках учатся. 不要害怕出错,因为大家都是在错误中学习。

6) Если врач не боится, они могут пойти по этой дороге. 如果医生不害怕的话,他们可以走这条路。

7) Я боялся помешать вам. 我害怕打扰您。

меша́ть, меша́ю, меша́ешь, меша́ют

помеша́ть (*кому-чему*, *с инф.*) 妨碍,打扰;影响

1) Плохая погода помешала полёту. 坏天气影响了飞行。

2) Извините, что я вам помешал. 不好意思,打扰您了。

3) Своими разговорами вы мешаете другим заниматься. 你们谈话妨碍其他人做事。

4) Бывают увлечения, которые мешают работе или учёбе. 常常有影响工作或学习的爱好。

5) Сильный ветер мешал идти. 大风影响了行走。

Часть 2
（第二册）

Урок 1

☞ 对话 **Диалоги**

ви́деться, ви́жусь, ви́дишься, ви́дятся

увиде́ться (*с кем*) 见面，遇见

1) Мы с ним часто видимся. 我跟他经常见面。
2) Саша и Катя видятся два раза в неделю. 萨沙和卡佳每周见两次面。
3) Давно мы с тобой не виделись. 我们很久没见面了。
4) Надеюсь, скоро увидимся. 希望很快再见面。
5) В новом году нам с тобой надо почаще видеться. 在新的一年里我们应该更经常见面。

расти́, расту́, растёшь, расту́т; рос, росла́, росло́, росли́

вы́расти, вы́расту, вы́растешь, вы́растут; вы́рос, вы́росла, вы́росло, вы́росли 长大；增长，增加

1) Дети быстро растут. 孩子们长得很快。
2) Они росли без отца. 他们在没有父亲的庇护下长大。
3) Лена росла у бабушки в деревне. 列娜在农村的奶奶身边长大。
4) Время идёт, количество машин растёт во всём мире. 随着时间的推移，全世界汽车的数量在不断增加。
5) Цены на газ в последнее время постоянно растут. 天然气的价格最近一直在涨。

жени́ться, женю́сь, же́нишься, же́нятся

пожени́ться (*на ком*) （男子）结婚，娶妻

1) У нас так рано не женятся. 我们这里不那么早结婚。
2) Год назад я женился на Наде. 一年前我和娜佳结婚了。

3) Коле было 20 лет, когда он женился на Ирине. 科里亚与伊琳娜结婚时,他 20 岁。

4) Они скоро поженятся. 他们很快就要结婚了。

5) Они поженились совсем недавно. 他们是不久前才结婚的。

6) В прошлом году Вадим и Наташа поженились. 去年瓦季姆和娜塔莎结婚了。

знако́мить, знако́млю, знако́мишь, знако́мят

познако́мить (*кого с кем-чем*) 介绍,使认识；使了解

1) Я хочу познакомить тебя с Ниной. 我想介绍你和尼娜认识。

2) Я хочу познакомить вас со своим коллегой. 我想介绍您和我的同事认识。

3) Приезжайте к нам в гости. Я познакомлю вас со своей женой. 来我们家做客吧。我介绍您同我妻子认识。

4) Приходи к нам сегодня вечером. Познакомлю тебя с женой и детьми. 今天晚上来我们家吧。我介绍你同我妻子和孩子们认识。

5) Они с радостью знакомят меня с китайской культурой и историей. 他们很高兴给我介绍中国文化和历史。

6) Эта передача знакомит с разными городами и странами. 这个节目向人们介绍不同的城市和国家。

устра́иваться устра́иваюсь, устра́иваешься, устра́иваются

устро́иться, устро́юсь, устро́ишься, устро́ятся (*куда*, *с инф.*) 就业,找到工作

1) После окончания университета она устроилась на работу в банк. 大学毕业后她到银行工作了。

2) После окончания университета он устроился на работу в компьютерную фирму. 大学毕业后他到电脑公司工作了。

3) Она не прошла по конкурсу в институт и решила устроиться работать. 她没有通过大学入学考试,于是决定去就业。

4) Самостоятельно устроиться на работу можно только на малооплачиваемые должности. 自己找工作只能找到薪酬不高的职位。

5) Люди по своему опыту знают, что на хорошее место по объявле-

нию не устроишься. 人们根据自己的经验知道，通过广告找不到好工作。

дово́лен, дово́льна, дово́льно, дово́льны (*кем-чем*) 对……感到满意

1) Миша доволен своей зарплатой. 米沙对自己的工资感到满意。

2) Она очень довольна своей работой. 她对自己的工作很满意。

3) Я не доволен твоим ответом. 我不满意你的回答。

4) Преподаватель доволен ответом студента. 老师对学生的回答感到满意。

5) Они очень довольны своей жизнью. 他们对自己的生活很满意。

выходи́ть, выхожу́, выхо́дишь, выхо́дят

вы́йти, вы́йду, вы́йдешь, вы́йдут; вы́шел, вы́шла, вы́шло, вы́шли (*откуда*, *куда*) 走出；来到

1) Каждый день она выходит из дома в семь часов утра. 她每天早晨七点出门。

2) Сегодня муж вышел из дома в восемь часов утра. 今天丈夫早晨八点从家走的。

3) В прошлую субботу Вера вышла замуж за Андрея. 上周六薇拉嫁给了安德烈。

4) Она вышла замуж за журналиста. 她嫁给了记者。

5) Через две недели я выхожу замуж. 我将在两周之后结婚。

☞ 课文 Текст

называ́ться, называ́юсь, называ́ешься, называ́ются

назва́ться, назову́сь, назовёшься, назову́тся; назва́лся, назвала́сь, назвало́сь, назвали́сь (*кем-чем*) 名字是，叫做，称为

1) Эта торговая фирма называется «Океан». 这家贸易公司叫《太平洋》。

2) Как называется это блюдо? 这道菜叫什么名字？

3) Этот универмаг называется «Чурин». 这家百货商店叫《秋林》。

4) Почему Красная площадь называется красной? 为什么《红场》称为红色的。

* **переводи́ть**

перевести́ (*что*) 翻译

1) Он переводит диалоги и текст на китайский язык. 他把对话和课文翻译成中文。
2) Они переводят книгу с китайского языка на английский. 他们把书从汉语翻译成英语。
3) Я не перевела текст. 我没有翻译完课文。
4) Вы уже перевели стихи Пушкина? 你们已经翻译完普希金的诗歌了吗?
5) Он уже перевёл этот рассказ. 他已经翻译完了这篇故事。
6) Наташа уже перевела эту статью. 娜塔莎已经翻译完了这篇文章。
7) Я перевожу деловые письма и разные документы с английского, немецкого и французского языков на русский. 我将公务信函和各种文件从英语、德语和法语翻译成俄语。

моло́же (**ста́рше**) **кого́ на ско́лько лет** 比……小(大)几岁

1) Отец старше матери на два года. 父亲比母亲大两岁。
2) Жена моложе мужа на́ год. 妻子比丈夫小一岁。
3) Сестра моложе брата на пять лет. 妹妹比哥哥小五岁。
4) На сколько лет вы старше своего брата? 您比弟弟大几岁?

ско́лько раз в неде́лю 一周多少次

1) Она ходит в бассейн три раза в неделю. 她一周去三次游泳馆。
2) Раз в неделю они ходят в театр. 他们一周去一次剧院。
3) Я тренируюсь три раза в неделю. 我每周锻炼三次。
4) Я бываю в университете четыре раза в неделю. 我每周去学校四次。
5) Сколько раз в неделю вы плаваете? 每周您游泳几次?

навеща́ть, навеща́ю, навеща́ешь, навеща́ют

навести́ть, навещу́, навести́шь, навестя́т (*кого-что*) 看望,拜访

1) По выходным дням мы навещаем моих родителей. 每逢休息日我们都去看望我的父母。
2) Только через 10 лет я снова навестил родную деревню. 只是在10年后我才重新探访了故乡。
3) Вчера журналисты навестили больных детей. 昨天记者们看望了生

病的孩子们。

4) Она очень рада, что я её навестила. 我来看她,她很高兴。

5) Он часто навещает своих друзей. 他经常看望自己的朋友们。

6) Этикет учит нас, как правильно навещать друзей и знакомых. 礼节教我们如何看望朋友和熟人。

Урок 2

对话 Диалоги

похóж, похóжа, похóже, похóжи (*на кого-что*) 像……似的,类似……似的

1) Сёстры очень похожи друг на друга. 姐妹彼此非常像。

2) На кого ты похож, на отца или на мать? 你长得像谁?像父亲还是像母亲?

3) Они похожи как две капли воды. 他们长得一模一样。

4) Сестра как две капли воды похожа на отца. 姐姐和父亲长得一模一样。

5) Санкт-Петербург не похож на древнюю красавицу Москву с Кремлём и исторической Красной площадью. 圣彼得堡不像古老美丽的莫斯科,有克里姆林宫和历史意义重大的红场。

собирáться, собирáюсь, собирáешься, собирáются

собрáться, соберýсь, соберёшься, соберýтся; собрáлся, собралáсь, собралóсь, собралúсь (*куда*, *с инф.*, *где*) 准备;集合

1) Как вы собираетесь встречать Новый год? 你们准备怎样迎接新年?

2) Я собираюсь поехать в Россию на учёбу. 我准备去俄罗斯学习。

3) Он собирается в гости. 他准备去做客。

4) Я собираюсь навестить больного товарища в это воскресенье. 我准备这周日去看望生病的朋友。

5) Куда ты собираешься поехать в субботу? 周六你准备去哪儿?

6) Хорошо бы нам собраться всем вместе и поговорить. 我们所有人聚在一起聊天多好啊。

7) Эксперты собрались, чтобы внимательно изучить главный финансо-

вый документ. 专家们聚集在一起是为了仔细研究重要的财务文件。

жена́т, жена́ты (*на ком*)(男子)已结婚;(夫妻)结婚

1) Он женат. 他已结婚。
2) Антон женат на Марине. 安东跟玛琳娜结婚了。
3) Миша уже женат, но у него пока ещё нет детей. 米沙已经结婚了，但他现在还没有孩子。
4) Василий давно женат, у него двое детей: сын и дочь. 瓦西里结婚很久了,他有两个孩子:儿子和女儿。
5) Мой отец и моя мать женаты уже 20 лет. 我父亲和母亲结婚已经20年了。
6) Мы с мужем женаты 6 лет. 我和丈夫结婚6年了。
7) Сколько лет вы уже женаты? 你们已经结婚多少年了？

☞ 课文 Текст

везти́, везёт; везло́

повезти́ (*кому*) 走运

1) Ему везёт во всём. 他一切都很走运。
2) Мне сегодня очень везёт. 我今天很幸运。
3) Мне с семьёй очень повезло. 我有这样的家庭很幸运。
4) Ему очень повезло с женой. 他有这样的妻子很幸运。
5) Мне всегда везёт с билетами на экзаменах. 考试时我总是抽到很幸运的考签。
6) Желаю вам здоровья, счастья и ещё, чтобы вам всегда везло в жизни. 祝您身体健康,幸福,生活中永远幸运。

вме́шиваться, вме́шиваюсь, вме́шиваешься, вме́шиваются

вмеша́ться, вмеша́юсь, вмеша́ешься, вмеша́ются (*во что*) 干预，干涉

1) Родители никогда не вмешиваются в мои дела. 父母从不干涉我的事。
2) Не вмешивайся в чужие дела! 不要干涉别人的事！
3) Прошу вас не вмешиваться в мою личную жизнь. 请你们不要干涉我的个人生活。

4) В России родители всегда вмешиваются в жизнь своих даже взрослых детей. 在俄罗斯父母总是干涉自己已成年孩子的生活。

5) Не вмешивайтесь во внутренние дела чужих стран. 不要干涉其他国家的内部事务。

6) Турция готова вмешаться в ситуацию в Сирии. 土耳其准备干预叙利亚局势。

7) США решили вмешаться в революцию в Казахстане. 美国决定干涉哈萨克斯坦的革命。

проводи́ть，провожу́，прово́дишь，прово́дят

провести́，проведу́，проведёшь，проведу́т；провёл，провела́，провело́，провели́（*что*）度过

1) Она провела лето в Пекине. 她在北京度过了夏天。

2) Он провёл зиму в Москве. 他在莫斯科度过了冬天。

3) Как вы проводите свободное время？你们怎么度过空闲时间？

4) Этот праздник мы провели по русской традиции，в семейном кругу. 这个节日我们是按照俄罗斯传统与家人一起度过的。

5) Желаю вам весело провести праздник！祝您节日愉快！

6) Годы，которые он провёл в стенах Московского университета，навсегда остались в его памяти. 在莫斯科大学度过的那些年永远留在了他的记忆中。

шути́ть，шучу́，шу́тишь，шу́тят

пошути́ть（*с кем*，*над кем-чем*）开玩笑；嘲笑

1) Она любит шутить с друзьями. 她喜欢跟朋友们开玩笑。

2) Он часто шутит с детьми. 他经常跟孩子们开玩笑。

3) Как научиться шутить？如何学会开玩笑？

4) Математики тоже шутят. 数学家也会开玩笑。

5) Как пошутить над коллегами первого апреля？4 月 1 日如何开同事们的玩笑？

6) Нельзя шутить над физическими недостатками людей. 不要嘲笑身体有残疾的人。

пережива́ть，пережива́ю，пережива́ешь，пережива́ют

пережи́ть, переживу́, переживёшь, переживу́т; пе́режил, пережила́, пе́режило, пе́режили (*за кого-что*, *что*) (强调主观感受) 不安, 担心; 经受, 经历; 经受得住

1) Мать переживает за своих детей. 母亲为自己的孩子们担忧。

2) Алла Пугачёва переживает за здоровье дочери. 阿拉·普加乔娃担心女儿的健康。

3) Он переживает за любимую команду. 他为喜欢的球队担心。

4) Она всегда переживает за других. 她总是为别人担心。

5) Он поссорился с женой, теперь переживает. 他跟妻子吵架了, 现在情绪不佳。

6) Мы с Анной вместе переживали и горе, и радости. 我和安娜曾经同甘苦, 共患难。

7) Человек портит счастье, если он переживает его один. 如果只是一个人体验幸福, 那么他就会破坏幸福。

8) В жизни мы переживаем несомненно крупные исторические изменения. 在生活中我们正经历着无疑巨大的历史变革。

9) Каждый человек по-своему переживает радость и печаль, любовь и ненависть. 每个人都在以自己的方式经受着喜和悲, 爱与恨。

10) В юности он пережил тяжёлые дни. 年轻时他经历了艰难岁月。

11) Я пережила две войны. 我经历了两次战争。

гото́вить, гото́влю, гото́вишь, гото́вят

пригото́вить (*что*) 准备; 做饭

1) Жена помогла мужу приготовить ужин. 妻子帮丈夫做好了晚餐。

2) Как приготовить пиццу? 怎么做比萨饼?

3) Что приготовить на завтрак? 早餐做什么?

4) Приготовьте ужин на 5 человек. 请准备好5个人的晚餐。

5) Я хочу пригласить вас на чай. Я уже всё приготовила. 我想请您喝茶。我已经都准备好了。

6) В нашей столовой хорошо готовят. 我们食堂做饭做得很好吃。

7) Мать вкусно готовит. 母亲做饭做得很好吃。

быва́ть, быва́ю, быва́ешь, быва́ют (*где*) 常有; 常去

1) У нас в университете часто бывают вечера танцев. 我们学校经常有舞会。
2) Она бывает на всех новых спектаклях. 她看所有的新戏剧。
3) Я часто бываю в гостях у Нины. 我经常去尼娜家做客。
4) По вечерам я бываю дома. 每天晚上我都在家。
5) Профессор Ван бывает в университете 3 раза в неделю. 王教授每周来学校三次。
6) У нас в доме часто бывают гости. 我们家经常来客人。
7) У них часто бывают спортивные соревнования. 他们经常有体育比赛。
8) В пятницу в газетах бывает телепрограмма на неделю. 周五的报纸上有一周的电视节目单。
9) Мы часто бываем на экскурсии в музее. 我们经常去博物馆参观。
10) У нас каждый день бывает новая информация. 我们每天都有新信息。
11) В Пекине лето бывает жаркое. 北京的夏天很热。
12) В Харбине зима бывает очень долгая. 哈尔滨的冬天很长。
13) Праздники бывают разные. 节日常常是各种各样的。

принима́ть, принима́ю, принима́ешь, принима́ют

приня́ть, приму́, при́мешь, при́мут; при́нял, приняла́, при́няло, при́няли (*кого-что*) 接待,招待;接诊;接收
1) Мы любим принимать гостей дома. 我们喜欢在家里招待客人。
2) Делегацию художников принял министр культуры. 文化部长接见了艺术家代表团。
3) Ежедневно вокзал принимает и отправляет тысячи и тысячи пассажиров. 每天火车站接收和发送成千上万名旅客。
4) Профессор принимает больных по средам и пятницам. 教授每周三和周五接诊病人。
5) По средам этот хирург читает лекции студентам, не принимает больных. 每周三这位外科医生给学生上课,不接诊病人。
6) Наш телевизор принимает только три программы. 我们的电视只能接收三个节目。

печь, пеку́, печёшь, пеку́т; пёк, пекла́, пекло́, пекли́

испéчь (*что*) 烤,烙

1) Она печёт блины. 她在烙薄饼。
2) Папа печёт хлеб. 爸爸在烤面包。
3) Я пеку хлеб только дома. 我只在家里烤面包。
4) Дочь учится печь блины. 女儿学习烙薄饼。
5) Как пекут блины в России? 在俄罗斯人们怎样烙薄饼?
6) Раньше она часто пекла хлеб в духовке. 过去她常用烤箱烤面包。
7) Духовка плохо печёт. 烤箱不好使。

получáться, получáется, получáются

получи́ться, полýчится, полýчатся 结果是;(被)做成;成为

1) У меня получаются отличные блины. 我做的薄饼很好。
2) У писателя получилась хорошая повесть. 作家写出了一部好小说。
3) У меня не получилась задача. 这道题我没有做出来。
4) Я надеюсь, у меня всё получится. 我希望,我能把一切做好。
5) Из него получится хороший музыкант. 他将成为一名优秀音乐家。
6) Из него получился прекрасный специалист. 他成了一名优秀专家。
7) Из этого ничего не получилось. 这毫无结果。

прикáзывать, прикáзываю, прикáзываешь, прикáзывают

приказáть, прикажý, прикáжешь, прикáжут (*кому с инф.*) 命令,吩咐

1) Командир приказал бойцам готовиться к бою. 指挥官命令士兵们准备战斗。
2) Путин приказал за сутки решить проблемы. 普京命令在一昼夜内解决问题。
3) Ты мне не приказывай! Я сам знаю, что делать. 你不要命令我!我自己知道应该做什么。
4) Я не приказываю, а прошу вас ответить на мой вопрос. 我不是命令,而是请您回答我的问题。
5) Директор приказал уволить Вадима. 经理吩咐辞退瓦季姆。
6) Военным приказывают голосовать за Единую Россию. 命令军人为《统一俄罗斯》投票。

храни́ть, храню́, храни́шь, храня́т（*что*）保存；贮藏；保留；保持；保护

1）Они всегда хранят семейные секреты. 他们一直保守家庭秘密。

2）Он хранит все получаемые им письма. 他保存着所有收到的信。

3）Она хранит свои деньги в банке. 她把钱存在银行。

4）Эта шкатулка хранит немало секретов. 这个匣子藏着很多秘密。

5）Нужно хранить продукты в холодном месте. 应该在阴凉的地方贮存食物。

6）Как хранить овощи дома? 如何在家里贮存蔬菜？

7）Бананы и ананасы в холодильнике не хранят. 不能在冰箱里贮藏香蕉和菠萝。

8）Сегодня люди любовно хранят храм Святой Софии. 现在人们很细心地保护圣索菲亚大教堂。

9）Что имеем, не храним, потерявши, плачем. 有时不珍惜，失了空悲泣。

иметь（давать）право на что 有（给）权……

1）У нас в семье каждый имеет право на «своё»время. 我们家每个人都有权拥有私人时间。

2）Каждый гражданин в Китае имеет право на образование. 中国的每位公民都有受教育的权利。

3）Ты не имеешь права так разговаривать со мной. 你没有权利这样跟我说话。

4）Читательский билет даёт вам право пользоваться библиотекой. 图书证赋予您使用图书馆的权利。

5）Аттестат о среднем образовании даёт право поступать учиться в любой вуз страны. 中等教育毕业证赋予报考国内任何一所大学学习的权利。

6）Билет даёт право на вход в театр. 票赋予进入剧院看戏的权利。

7）Государство даёт женщинам равные с мужчинами права на труд и общественную работу. 国家赋予妇女与男人同等的从事劳动和社会工作的权力。

8）Проходной балл даёт нам право поступить в вуз. 录取分数线赋予我们进入大学的权利。

Урок 3

☞ 对话 Диалоги

продолжа́ться, продолжа́ется, продолжа́ются

продо́лжиться, продо́лжится, продо́лжатся 持续；继续

1) Собрание продолжалось до обеда. 会议持续到吃午饭。

2) Их беседа продолжалась недолго. 他们的谈话没持续多久。

3) Каждый день у нас занятия начинаются в 8 часов и продолжаются до двенадцати часов. 我们每天都8点开始上课，持续到12点。

4) Обычно такой ужин продолжается часа два-три. 通常这样的晚餐持续约2—3小时。

5) Снегопад в Москве будет продолжаться в течение часа. 莫斯科的降雪将持续1个小时。

*** сдава́ть**

сдать (*что*) 考试(及格)，考取

1) Какой экзамен вы сдавали вчера? 昨天你们考什么了？

2) Как вы сдали экзамен? 你们考试通过了吗？

3) Он сдал экзамен по грамматике на пятёрку. 他语法考试得了5分。

4) Андрей сдал математику на пятёрку. 安德烈数学考试得了5分。

5) Он всегда сдаёт математику на «отлично». 他数学考试总是得《优秀》。

6) Он отлично сдал вступительные экзамены и стал студентом. 他以优异成绩通过了入学考试并成为了一名大学生。

7) Вася учится очень хорошо, сдаёт все экзамены только на пятёрки. 瓦夏学习非常好，所有的考试都得5分。

8) Все пять экзаменов она сдала на четвёрки. 所有的5门考试她都得了4分。

дава́ться, даётся, даю́тся

да́ться, да́стся, даду́тся (*кому*) 掌握(如何)，学会

1) Как вам даётся русский язык? 您俄语学得怎么样？

2) Русский язык мне даётся трудно. 俄语对我来说很难。

3) Им легко даётся японский язык. 日语对他们来说很简单。

4) Математика давалась ему с трудом. 数学对他来说很难。

5) Испанский язык ему дался. 他学会了西班牙语。

6) Французский язык мне не дался. 我没有学会法语。

жела́ть, жела́ю, жела́ешь, жела́ют

пожела́ть (*кому чего, с инф.*) 祝愿,希望

1) Желаю вам всего самого лучшего. 祝您一切顺利。

2) Желаю вам вечной молодости. 祝您永远年轻。

3) От всего сердца желаю тебе удачи! 衷心祝你成功!

4) Желаю вам весело провести время! 祝您愉快度过时光!

5) Желаю тебе успешно защитить диссертацию! 祝你成功通过论文答辩!

6) Мы желаем вам здоровья, счастья и долгих лет жизни. 我们祝您健康,幸福,长寿。

7) Желаю вам большого счастья, крепкого здоровья, больших успехов в учёбе. 我祝你们幸福无比,身体健康,学习取得好成绩。

8) Желаю вам, чтобы сын рос здоровым, умным, добрым и сильным — в общем, настоящим мужчиной. 我祝您的儿子长得健康、聪明、善良和强壮——总之,祝他成为一名真正的男子汉。

9) Хочу поздравить вас с Новым годом! Желаю вам счастья, успехов во всех ваших делах, благополучия! 我想向您恭贺新年!祝您幸福,一切顺利,平安!

10) Мы все желаем вам здоровья, удачи и исполнения желаний. Пусть сбудутся все ваши мечты! 我们所有人祝您健康,成功并实现所有的愿望。愿您梦想成真!

благодари́ть, благодарю́, благодари́шь, благодаря́т

поблагодари́ть (*кого-что за что*) 感谢

1) Мы вас от всей души благодарим за помощь и внимание. 我们衷心地感谢您的帮助和关心。

2) Сердечно благодарим вас за участие и поддержку. 衷心感谢您的参与和支持。

3) Студенты поблагодарили профессора Вана за интересную лекцию. 大学生们对王教授精彩的演讲表示感谢。

4) Корейцы поблагодарили россиян за помощь в спасении моряков. 朝鲜人感谢俄罗斯人帮助他们拯救海员。

5) Мы благодарим вас за то, что вы разделили с нами нашу радость. 感谢您同我们分享了我们的快乐。

6) Прежде всего я хотел бы поблагодарить наших партнёров за то доверие, которое они оказали нашей фирме. 首先我想感谢我们的伙伴对我们公司给予的信任。

7) Андрей, я хочу поблагодарить вас за чудесный день, который мы провели у вас дома. 安德烈,我想感谢您陪我们在您家度过了美好的一天。

8) Благодарю всех за тёплые слова, адресованные мне. 我感谢所有人对我说的温暖话语。

☞ 课文 Текст

увлека́ться, увлека́юсь, увлека́ешься, увлека́ются

увле́чься, увлеку́сь, увлечёшься, увлеку́тся; увлёкся, увлекла́сь, увлекло́сь, увлекли́сь (*чем*) 酷爱,着迷

1) Он увлекается футболом. 他酷爱足球。

2) Они увлекаются компьютерными играми. 他们酷爱电脑游戏。

3) Дима увлекается фотографией давно, ещё со школы. 季马从中学开始就酷爱摄影。

4) Ещё в университете Грибоедов начал увлекаться литературой, музыкой, театром. 还是在大学时期格里鲍耶陀夫就开始对文学、音乐和戏剧着迷。

5) Москвичи увлекаются различными видами спорта, но наиболее массовыми являются футбол, гимнастика, хоккей, волейбол, плавание. 莫斯科人酷爱不同种类的运动,但最普及的是足球、体操、冰球、排球、游泳。

6) Спортом увлекаются дети, молодёжь и люди старшего возраста. 儿

童、青年和年纪大的人都喜欢运动。

7) Чем больше он занимался музыкой, тем сильнее он увлекался ею. 他从事音乐越多,就越酷爱音乐。

8) С детства я увлекался точными науками — математикой, физикой, химией, информатикой. 从小我就酷爱精密科学——数学、物理、化学和信息技术。

пода́ть, подаю́, подаёшь, подаю́т

пода́ть, пода́м, пода́шь, пода́ст, подади́м, подади́те, подаду́т; по́дал, подала́, по́дало, по́дали (*что*) 提交,呈送;递

1) После окончания школы я подал документы в университет, на факультет вычислительной техники. 中学毕业后我向大学计算技术系提交了文件。

2) Она уже подала все необходимые документы в Московский университет. 她已经把所有需要的文件都提交给了莫斯科大学。

3) Как подавать документы в университеты Англии? 怎样向英国的大学提交文件?

4) Они подали все документы в рабочую группу. 他们向工作组提交了所有的文件。

5) Я благодарен ему за то, что он первый подал мне руку в несчастье. 我感谢他在我患难时第一个向我伸出援手。

6) Вы до сих пор ещё не подавали голоса, очень хотелось бы услышать и ваше мнение. 您至今还没有提出您的意见,非常想听一下您的想法。

7) Все заказанные блюда уже поданы, прошу к столу. 点的所有菜已经上齐了,请就餐吧。

8) В Китае чай подают самым первым напитком перед любым обедом. 在中国茶是任何午餐前最先上的饮品。

отлича́ться, отлича́юсь, отлича́ешься, отлича́ются (*чем от кого-чего*) 特点是……;与……有区别

1) Студенческая жизнь отличается от школьной. 大学生活与中学生活不同。

2) Новая улица мало отличается от других улиц города. 新的街道与城市里其他的街道没什么区别。

3) Супруги отличаются друг от друга своими характерами. 夫妇彼此性格很不一样。

4) Учёба в школе при Харбинском педагогическом университете ничем не отличается от учёбы в третьей школе. 哈尔滨师范大学附中与第三中学的学习没什么不一样的。

5) Русское чаепитие очень отличается от китайского. 俄式饮茶与中式饮茶很不一样。

6) Художники отличаются друг от друга своим стилем и уровнем мастерства. 画家们的风格及技艺水平各不相同。

7) Люди и похожи друг на друга, и одновременно отличаются друг от друга своеобразием характера, привычками. 人们彼此间既很相似，同时又以独特的性格和习惯而各不相同。

8) Картины Левитана отличались тонким пониманием русской природы. 列维坦画作的突出特点是他对俄罗斯大自然细腻的理解。

9) Виктор и Борис братья, но они очень отличаются друг от друга как внешностью, так и характером. 维克多和鲍里斯是兄弟，但他们无论是外貌，还是性格都很不一样。

10) Эти вагоны отличаются от прежних большим удобством. 这些车厢与以前的那些相比非常舒适。

чу́вствовать, чу́вствую, чу́вствуешь, чу́вствуют

почу́вствовать (*что*, *кого-что кем-чем*, *каким*) 感觉，感到

1) В университете я почувствовал свободу. 在大学里我感觉到了自由。

2) От долгой ходьбы он чувствует усталость. 因为长时间的走路他感到疲倦。

3) Он почувствовал себя настоящим коллекционером. 他觉得自己是一位真正的收藏家。

4) Как чувствовать себя уверенно в жизни? 怎样使自己在生活中有自信?

5) В большом городе так важно чувствовать себя любимой. 在一个大城市中最重要的是感到自己是被爱的。

6) Чувствовать себя одиноким можно и на работе, и в семье, и даже наедине с любимым. 无论在工作中,还是在家里,甚至是跟恋人在一起时都会感到孤独。
7) Когда у меня в руках новая книга, я чувствую, что в мою жизнь вошло что-то живое, говорящее, чудесное. 当我手上有一本新书的时候,我感觉到,好像有某种生机勃勃的、会讲话的、美妙的事物走进了我的生活。

готóвиться, готóвлюсь, готóвишься, готóвятся (*к чему*, *с инф.*) 准备
1) Алёша помогает жене готовиться в дорогу. 阿廖沙帮助妻子做启程的准备。
2) Он готовится поступать в аспирантуру. 他正在准备考研究生。
3) Каждый день вечером преподаватель Ван готовится к занятиям. 每天晚上王老师都备课。
4) Они всегда рано готовятся к зиме. 他们总是很早就为过冬做准备。
5) Рано ты к зиме готовишься, лето ещё не прошло. 你这么早就为过冬做准备,夏天还没过去呢。
6) К этому путешествию я готовилась давно. 我早就准备这次旅行了。
7) По каким учебникам вы готовитесь к экзамену? 你根据哪些书做考试准备?
8) Студенты первого курса готовятся к Новому году. 大一的学生们在为新年做准备。
9) Конец учебного года не за горами, и нужно уже готовиться к весенней сессии. 一学年就要结束了,该准备春季学期考试了。
10) Брат старательно готовится поступать в вуз. 哥哥正在努力准备考大学。

Урок 4

☞ 对话 Диалоги

* **начинáть**

начáть (*что*, *с инф.*) 开始,着手

1) Учитель начал урок в 9 часов. 老师9点开始了上课。

2) Профессор начал доклад в 10 часов. 教授10点开始了做报告。

3) Я хочу начать с рассказа о нашей столице. 我想从我们的首都开始讲。

4) Я начал изучать русский язык год назад. 一年前我开始了学习俄语。

5) Телефон начал звонить рано утром. 早晨很早电话就开始响了。

6) Я уже начал собирать российские монеты. 我已经开始收集俄罗斯硬币了。

7) В котором часу начинают работать в вашей фирме? 你们公司几点钟开始工作?

сто́лько, ско́лько... 与……同样多

1) Она берёт столько яблок, сколько хочет. 她想拿多少苹果就拿多少。

2) Вася поёт столько, сколько может. 瓦夏在唱所有他能唱的歌。

3) Борис зарабатывает столько, сколько и отец. 鲍里斯和他父亲挣得一样多。

4) Сколько вам нужно, столько и берите. 您需要多少,就拿多少。

успева́ть, успева́ю, успева́ешь, успева́ют (+完成体或+未完成体)

успе́ть, успе́ю, успе́ешь, успе́ют (+完成体) (*с инф.*) 来得及

1) Он не успел выполнить эту работу к сроку. 他没来得及按期完成这项工作。

2) До отхода поезда ещё 20 минут, мы успеем сходить в буфет. 离火车开车还有20分钟,我们还来得及去一趟小卖部。

3) Он успевает и готовиться к занятиям, и ходить на концерты. 他既来得及准备功课,又来得及去听音乐会。

4) Она не успела написать контрольную работу. 她没来得及做完测验。

5) Во время обеденного перерыва я успеваю пообедать и немного отдохнуть. 午休时我来得及吃午饭并稍稍休息一会。

6) Как вы успеваете и работать и спортом заниматься? 您是怎么来得及既工作又从事体育运动的?

7) Он всё успевает делать дома. 在家里他来得及做一切事情。

8) Мой брат быстро ходит: за ним трудно успеть. 我哥哥走得很快:很难追上他。

9) Мы не успеем на поезд. 我们赶不上火车。

10) Не успел он раздеться, как зазвонил телефон. 他还没来得及脱下外衣,电话就响了。

11) Не успел я выйти и́з дому, как пошёл дождь. 我刚一出家门就下起雨了。

спеши́ть, спешу́, спеши́шь, спеша́т

поспеши́ть (*куда*) 急忙;(表)快

1) Куда ты спешишь? 你急着去哪儿?

2) Он спешит в книжный магазин. 他急着去书店。

3) Он всегда спешит. 他总是急急忙忙。

4) Мои часы спешат на пять минут. 我的表快 5 分钟。

отстава́ть, отстаю́, отстаёшь, отстаю́т

отста́ть, отста́ну, отста́нешь, отста́нут (*от кого-чего*) 落后;(表)慢

1) Мои часы то отстают, то спешат. 我的表时快时慢。

2) Его часы отстают на одну минуту в сутки. 他的表每昼夜慢一分钟。

3) Он отстаёт от других в учёбе. 他在学习上落后于其他人。

4) Все кончили писать, только я отстал. 所有人都写完了,只有我落后了。

5) Россия отстаёт от других стран БРИК. 俄罗斯落后于其他"金砖"国家。

6) Мы отстали от современного мира. 我们落后于当今世界了。

7) Политики Европы отстали от рынков. 欧洲的政策落后于市场。

☞ 课文 **Текст**

начина́ться, начина́ется, начина́ются

нача́ться, начнётся, начну́тся; начался́, начала́сь, начало́сь, начали́сь 开始

1) Начинается весна. 春天即将开始。

2) Урок начался в 9 часов. 课程是 9 点开始的。

3) Когда начнётся собрание? 会议将在什么时候开始?

4) Когда у вас начинаются занятия, когда кончаются? 你们的课什么时候开始,什么时候结束?

5) С этого дня началась для него новая жизнь. 从这一天起开始了他的新生活。
6) Доклад профессора начался в 10 часов. 教授的报告是 10 点钟开始的。
7) Мой рабочий день начинается в восемь часов утра. 我的工作日于早晨 8 点开始。
8) В сентябре в школах и институтах нашей страны начинается новый учебный год. 我们国家中小学和大学的新学年于九月份开始。
9) Каждый день у нас занятия начинаются в 8 часов, а кончаются без 15 десять. 我们每天 8 点开始上课,9 点 45 结束。

чи́стить, чи́щу, чи́стишь, чи́стят

почи́стить (*что*) 使清洁,使干净

1) Как правильно чистить зубы? 怎样正确地刷牙?
2) Она чистит ковёр пылесосом. 她用吸尘器清洁地毯。
3) Она чистит зубы три раза в день. 她每天刷三次牙。
4) Как научить ребёнка чистить зубы. 怎样教会儿童刷牙?
5) Как чистить пальто из шерсти? 怎样清洁纯毛大衣?
6) Необходимо чистить внутреннюю поверхность каждого зуба. 必须刷干净每颗牙的内表面。

одева́ться, одева́юсь, одева́ешься, одева́ются

оде́ться, оде́нусь, оде́нешься, оде́нутся (*во что*) 穿衣服

1) Он одевается очень быстро. 他穿衣服穿得很快。
2) Кто из вас одевается модно? 你们当中谁穿衣服很时尚?
3) Моя тётя всегда одевается со вкусом. 我阿姨穿衣总是很讲究。
4) Анна одевается тепло, а Саша — легко. 安娜穿得很厚,而萨沙穿得很薄。
5) Сегодня она оделась во всё новое. 今天她穿了一身新衣服。
6) Он оделся и вышел на улицу. 他穿好衣服就出去了。
7) Оденься потеплее, сегодня мороз. 穿得暖和一些,今天很冷。
8) После завтрака я одеваюсь и выхожу из дома. 早餐后我穿上衣服并走出家门。

* **посеща́ть**

посети́ть (*кого-что*) 访问,探望;参观

1) С двух до пяти он посещает своих больных на дому́. 从下午2点至5点他到家里探望病人。
2) Мы очень рады, что имеем возможность посетить вашу страну. 我们很高兴有机会访问贵国。
3) Если вы хотите познакомиться с древней китайской архитектурой, обязательно посетите музей «Гугун». 如果你们想了解古代中国的建筑,请一定去参观故宫博物院。
4) Сначала давайте посетим Третьяковскую галерею. 首先我们去参观特列季亚科夫画廊。
5) Мой отец счастлив тем, что он два раза посещал Москву. 我的父亲很幸福,他去莫斯科参观了两次。
6) По средам мы посещаем занятия по русскому языку. 每周三我们都上俄语课。
7) Проректор по учебной части часто посещает лекции молодых преподавателей. 教学副校长经常去听年轻老师的课。

зака́нчиваться зака́нчивается, зака́нчиваются

зако́нчиться, зако́нчится, зако́нчатся (*чем*) 结束

1) Война закончилась. 战争结束了。
2) Путешествие закончилось. 旅游结束了。
3) Дело закончилось ссорой. 事情以吵架而结束。
4) На этом программа такой экскурсии заканчивается. 这次的参观旅游项目到此结束。
5) Мой рабочий день заканчивается в 5 часов. 我的工作日5点结束。
6) Первый день работы са́ммита закончился совместным обедом. 峰会第一天的工作以共进午餐结束。

заходи́ть, захожу́, захо́дишь, захо́дят

зайти́, зайду́, зайдёшь, зайду́т; зашёл, зашла́, зашло́, зашли́ (*с инф.*) 顺便去;去取(东西)

1) Как давно вы не заходили. 您已经好久没来了。
2) Я зайду в общежитие за зонтиком. 我去宿舍取伞。

3) Когда будете свободны, заходите, пожалуйста. 您有时间时,请到我这里来。

4) По дороге домой она зашла на рынок за овощами. 在回家的路上她去市场买菜了。

5) Каждый день по дороге домой она заходит в магазин. 每天在回家的路上她都去商店。

6) По дороге в институт я захожу в супермаркет за продуктами. 在去学校的路上我去超市买食品。

переодева́ться, переодева́юсь, переодева́ешься, переодева́ются

переоде́ться, переоде́нусь, переоде́нешься, переоде́нутся (*во что*) 换衣服

1) Маша ушла в соседнюю комнату переодеваться. 玛莎去隔壁房间换衣服了。

2) Мать переоделась и начала готовить ужин. 母亲换好了衣服就开始做晚饭了。

3) Она переоделась в тонкую ночную рубашку. 她换好了一件薄睡衣。

4) Когда Маша приходит домой, она переодевается в домашнюю одежду и смотрит телевизор. 当玛莎回到家时,她换上家居服就看电视。

обсужда́ть, обсужда́ю, обсужда́ешь, обсужда́ют

обсуди́ть обсужу́, обсу́дишь, обсу́дят (*что*) 讨论

1) Мы долго обсуждали, что делать дальше. 我们讨论了很久接下来该做什么。

2) На собрании горячо обсуждали ваше предложение. 在会上大家热烈讨论了您的建议。

3) Мы всем классом обсуждали, как выполнить задание. 我们全班讨论了怎么完成任务。

4) Завтра мы будем обсуждать эти проблемы. 明天我们将讨论这些问题。

5) Мне хотелось бы обсудить с вами некоторые вопросы. 我想跟您讨论一些问题。

6) Нам нужно завтра встретиться и всё обсудить. 我们需要明天见一面并把所有事情都讨论一下。

7) Давайте обсудим эти вопросы. 我们来讨论一下这些问题吧。

8) Я хотел бы встретиться с вами, чтобы обсудить вопросы возможного сотрудничества. 我想与您见一面,讨论一下可能的合作问题。

9) Я приехал обсудить вопрос о создании совместного предприятия. 我是来讨论建立合资企业问题的。

10) Этот вопрос мне хотелось бы обсудить со специалистом вашей фирмы. 这个问题我想同贵公司的专家讨论。

11) Русские очень любят спорить и обсуждать политику друг с другом. 俄罗斯人非常喜欢互相争论和讨论政治。

12) Путин и Назарбаев обсуждают нефть, газ и мирный атом. 普京和纳扎尔巴耶夫正在讨论石油、天然气及和平利用原子能的问题。

13) Дмитрий Медведев обсудил с российскими бло́герами проблемы, которые волнуют миллионы людей. 德米特里·梅德韦杰夫同俄罗斯博客们讨论了数百万人关心的一些问题。

спо́рить, спо́рю, спо́ришь, спо́рят

поспо́рить (*о ком-чём*) 争论

1) Русские любят спорить. 俄罗斯人喜欢争论。

2) Студенты спорят об архитектуре. 学生们在争论建筑学。

3) О вкусах не спорят. 各有各的爱好。

4) С ним трудно спорить. 很难和他争论。

5) Не будем спорить об этом. 我们不要争论这个问题。

6) Вечером, когда к нам приходят друзья, мы говорим о жизни, обсуждаем новости и спорим о политике. 晚上,当朋友们来我们家时,我们谈论生活,讨论新闻,争论政治。

7) Учёные до сих пор спорят о том, почему мы делимся на мужчин и женщин. 学者们至今还在争论,为什么我们被分为男人和女人。

ложи́ться, ложу́сь, ложи́шься, лажа́тся

лечь, ля́гу, ля́жешь, ля́гут; лёг, легла́, легло́, легли́ (*куда*, *с инф.*) 躺下

1) Каждый день я ложусь спать в десять часов. 我每天10点睡觉。

2) Вчера я легла спать в 12 часов ночи. 昨天我半夜12点睡的觉。

3) Обычно он встаёт в 6 часов утра и ложится спать в десять часов вечера. 通常他早晨 6 点起床，晚上 10 点睡觉。

4) Немедленно ложитесь в постель, у вас температура. 快点躺在床上，您发烧了。

спать, сплю́, спи́шь, спя́т; спал, спала́, спа́ло, спа́ли 睡觉

1) Сколько времени спал отец вчера? 昨天父亲睡了多长时间?

2) Ребёнок плохо спит ночью. 孩子夜里睡不好。

3) Летом он часто спит на воздухе. 夏天他经常在室外睡觉。

4) Он спит глубоким сном. 他睡得很沉。

5) Когда вы ложитесь спать? 您什么时候躺下睡觉?

Урок 5

☞ 对话 Диалоги

переезжа́ть, переезжа́ю, переезжа́ешь, переезжа́ют

перее́хать, перее́ду, перее́дешь, перее́дут (*что*, *через что*) 搬家，搬迁；(乘车等)越过，穿过，驶过

1) Наша семья раньше жила в деревне, а три года назад мы переехали в город. 以前我们家住在乡村，三年前我们搬到了城里。

2) В этом семестре все девушки нашей группы переехали в третий корпус. 这学期我们班所有女生都搬到了三号楼。

3) Моя тётя получила новую квартиру, но пока не переехала в новый дом. 我的姨妈得到一套新住房，但暂时还没有搬到新房里。

4) Скоро к нам переедет новый сосед Сергей Соколов. 我们这儿很快就要搬来新邻居谢尔盖·索科洛夫。

5) Мы переехали через границу и приехали в другую страну. 我们穿过边境，来到了另一个国家。

6) Было уже поздно. Миша вышел с завода, сел на велосипед и быстро переехал через улицу. 已经很晚了。米沙从工厂出来，骑上自行车，并很快穿过马路。

7) Век пережить — не поле переехать. 过一辈子不像过一片田野那样

容易。

добира́ться, добира́юсь, добира́ешься, добира́ются

добра́ться, доберу́сь, доберёшься, доберу́тся; добра́лся, добрала́сь, добрало́сь, добрали́сь (*до чего*) 到达……

1) Когда мы добрались до цели, было уже совсем темно. 当我们到达目的地时,天已经全黑了。
2) Обычно я добираюсь до института за час, а сегодня добрался за пятьдесят минут. 一般我到学院用一小时,而今天用了50分钟。
3) Через два часа я наконец-то добралась до завода. 过了两小时我终于到了工厂。
4) Вы можете туда добраться на метро, это будет быстрее. 你们可以乘地铁去那里,这样会快一些。
5) Ты не знаешь, на чём можно добраться до Пекинского вокзала? 你是否知道乘坐什么车可以到北京站?
6) Утром пошёл сильный дождь, мы с трудом добрались до работы. 早上下起了大雨,我们艰难地到了班上。
7) Как мы будем добираться? Туда можно и на поезде, и на пароходе. 我们怎么去? 去那儿可以乘火车和乘船。
8) Как вы добрались сюда? На машине или пешком? 您是怎么到这儿的? 乘车还是步行?
9) Туда никакой транспорт не ходит. Нам пришлось добраться пешком. 哪个交通工具都不到那里。我们不得不步行去。

перевози́ть, перевожу́, перево́зишь, перево́зят

перевезти́, перевезу́, перевезёшь, перевезу́т; перевёз, перевезла́, перевезло́, перевезли́ (*кого-что куда*) (用车、船等)运送,(从一处)运到(另一处)

1) Мы купили новую мебель и её уже перевезли в новый дом на машине. 我们买了新家具,并且已经用车运到了新房子。
2) Меня перевезли через реку на лодке. 有人用小船将我运过河。
3) Сначала нужно перевезти рабочих с другого завода в новое общежитие. 首先需要将工人们从另一个工厂送到新宿舍。

4) Каждый год зимой переводят уголь со станций в разные места по железной дороге. 每年冬天都通过铁路从各车站往不同地方送煤。

5) Не можете ли вы перевезти нас на другую сторону реки? 您是否可以把我们运到河对岸?

6) Во второй половине дня в нашу библиотеку перевезут новые книги из книжного магазина. 下午新书将从书店运到我们图书馆。

7) Конечно, на машине перевозить товары легче и быстрее, чем на велосипеде. 用汽车运货当然比用自行车更容易,也更快。

8) Сегодня после работы Иванов перевёз своих детей на дачу. 今天下班后伊万诺夫将自己的孩子送到了别墅。

ста́вить, ста́влю, ста́вишь, ста́вят

поста́вить (*кого-что куда*) 竖立,(竖着)摆放

1) Поставьте, пожалуйста, две бутылки вина в холодильник. 请把两瓶葡萄酒放到冰箱里。

2) После работы надо сразу поставить вещи на место. 工作之后应该立刻将物品放回原位。

3) Когда Петров и жена доехали до дома, они поставили машину в гараж. 当彼得罗夫和妻子到家时,他们将车放入了车库。

4) Когда ты кончишь работу, поставь лестницу к стене. 当你干完活后,要将梯子放到墙边。

5) Я помогла хозяйке поставить на стол посуду: тарелки, стаканы, чашки. 我帮女主人将餐具放到桌上了,其中有盘子、杯子和碗。

6) Аня поставила бокалы на стол, а потом положила ножи и вилки. 阿尼娅将高脚杯放到桌上,随后又放上刀叉。

7) Цветы, которые принесли больным, медсестра поставила в вазу. 护士将给病人送来的花插到花瓶里。

8) Самые необходимые книги он часто ставит на среднюю полку. 他常常将最需要的书放到中间的架子上。

сади́ться, сажу́сь, сади́шься, садя́тся

сесть, ся́ду, ся́дешь, ся́дут; сел, се́ла, се́ло, се́ли (*куда*) 坐下;(*во что*) 上车,坐到(交通工具)里;(*на что*) 搭乘(某种交通工具)

1) Давай сядем сюда и поговорим о политике. 让我们坐到这来谈一谈政治。

2) Дедушка сел в кресло и стал рассказывать мне анекдоты. 爷爷坐到安乐椅上并开始给我讲趣闻。

3) Во время обеда ему предложили сесть рядом с хозяином. 午饭时有人建议他坐到男主人旁边。

4) Когда поезд остановился на станции, пассажиры вошли в вагон и сели на своё место. 当火车到站停下后,乘客们进入车厢并坐到自己的位置上。

5) Садитесь по местам. Начнём собрание. 按位就坐。我们开始开会。

6) Он не успел с нами сесть в один троллейбус, приедет со следующим. 他没赶上和我们坐同一辆无轨电车,将坐下趟车来。

7) Когда я сяду в самолёт, позвоню тебе. 我坐上飞机后给你打电话。

8) Подруга села по ошибке не на тот автобус, вот и опоздала. 女友坐错了公共汽车,所以迟到了。

9) Сядьте на метро, поезжайте до конца. 您坐地铁吧,坐到终点。

10) Автобусы здесь не ходят. Вам придётся сесть на троллейбус. 这里不通公共汽车。你们只得坐无轨电车。

пить, пью, пьёшь, пьют; пил, пила́, пи́ло, пи́ли (*что*) 喝

1) Что будем пить? Сок или молоко? 我们喝点什么?果汁还是牛奶?

2) Я не люблю пить кофе, я пью только чай. 我不喜欢喝咖啡,我只喝茶。

3) Отец был очень занят, он почти весь день не ел и не пил. 父亲非常忙,他几乎一天没吃没喝了。

4) Ничего не хочу пить, кроме вина. 除了葡萄酒,我什么都不想喝。

5) Каждый день человеку нужно пить много воды. 每天人都需要喝很多水。

6) После занятий спортом мне хочется пить. 运动之后我很渴。

7) Дедушка всю жизнь не пьёт и не курит, у него хорошее здоровье. 爷爷一生不喝酒不抽烟,他身体很好。

8) Боря, что же ты ничего не пьёшь? 鲍里亚,你怎么什么都不喝?

про́бовать, про́бую, про́буешь, про́буют

попро́бовать (*что*) 品尝;(*с инф.*) 尝试

1) На кухне я попробовал рыбу и мясо. 在厨房我尝了鱼和肉。

2) Не попробуете мой салат? Очень вкусно! 不尝尝我做的沙拉吗？非常可口！

3) Попробуй это вино — настоящее грузинское вино. 尝尝这个葡萄酒,这是真正的格鲁吉亚葡萄酒。

4) На моей родине я никогда не пробовала пироги с рыбой. 在我的家乡我从来没品尝过鱼肉馅饼。

5) Серёжа, попробуй ответить на мои вопросы. 谢廖扎,试着回答我的问题。

6) Сначала я пробовал писать стихи, но потом бросил. 一开始我尝试写诗,但是后来放弃了。

7) Больная пробовала встать, но не смогла. 女病人试着站起来,但是没能办到。

8) Я несколько раз пробовала разговаривать с ним, но он не хотел. 我几次尝试着和他交谈,但他并不想。

хвата́ть, хвата́ет

хвати́ть, хва́тит (*кого-чего*) 足够,够用

1) Думаю, мне хватит денег на эти книги. 我想,我有足够的钱买这些书。

2) Он молодой врач. Боюсь, у него не хватает опыта. 他是位年轻医生,我担心他没有足够的经验。

3) В университете у студентов всегда не хватает времени на учёбу и на работу. 在大学里学生们学习和工作的时间总是不够。

4) Старик уже несколько раз пробовал поднять этот чемодан, но сил не хватало. 老人已经几次尝试提起这个箱子,但是力气不够。

5) Не беспокойтесь, нам овощей хватит до весны. 不要担心,我们的蔬菜足够吃到春天。

6) Некоторые считают, что через несколько лет будет очень не хватать инженеров. 一些人认为,再过几年工程师将会十分缺少。

7) Чтобы выполнить эту работу, у нас не хватит трёх рабочих. 要想

完成这项工作，我们这儿三个工人不够用。

8) Чтобы хорошо посетить эту выставку, и двух дней не хватит. 要想好好地参观这个展览会，两天时间是不够的。

беспоко́иться, беспоко́юсь, беспоко́ишься, беспоко́ятся (*о ком-чём*) 担心

1) Не беспокойтесь, всё будет хорошо. 您不要担心，一切都会好的。

2) Отец очень беспокоится о здоровье сына. 父亲非常担心儿子的健康。

3) Мать всё время беспокоится, вернётся ли сын с фронта. 母亲总是担心儿子是否能从前线回来。

4) Хорошо отдохни, об учёбе не беспокойся. Мы потом тебе объясним. 好好休息一下，别担心学习。过后我们会给你讲解的。

5) Дима очень беспокоится, что не успеет на поезд. 季马非常担心赶不上火车。

6) Автобуса всё не было, мы стали беспокоиться, что опоздаем на собрание. 公共汽车一直没来，我们开始担心开会会迟到。

7) Не беспокойтесь ни о моей болезни, ни о своей работе. 关于我的病和你自己的工作都不要担心。

8) Можете не беспокоиться, все сотрудники придут вовремя. 您不必担心，所有的工作人员都会按时到。

класть, кладу́, кладёшь, кладу́т; клал, кла́ла, кла́ло, кла́ли

положи́ть, положу́, поло́жишь, поло́жат (*кого-что куда*) 盛(饭等); 添加，放入; 平放，放置

1) Что вам положить — салат или рыбу? 您来点什么，沙拉还是鱼？

2) Женя, положи Гале мясо по-грузински, это её любимое блюдо. 热尼亚，给加利娅来点格鲁吉亚肉，这是她喜欢吃的菜。

3) Больше мне не кладите, я уже сыт. 别再给我放了，我已经饱了。

4) Бабушка забыла положить масло в кашу, и каша не получилась. 奶奶忘了往粥里放黄油，所以粥做得不好吃。

5) Не клади столько соли в суп. Это мне не нравится. 别往汤里放这么多盐。我不喜欢这个。

6) Когда мы пообедали, мама положила продукты в холодильник. 当

我们吃完午饭后，妈妈把食物放到了冰箱。

7) Ребёнок хочет спать, мама положила его на кровать. 孩子想睡觉，妈妈把他放到床上。

8) Ваня написал письмо, положил ручку на стол и вышел. 万尼亚写好了信，把钢笔放到桌子上就出去了。

9) Если возьмёшь у меня что-нибудь, не забудь положить на место. 如果从我这拿东西的话，别忘了放回原位。

☞ 课文 **Текст**

из-за (*кого-чего*) 从……那边，从……后面，从……外面

1) Вдруг из-за угла появилась машина. 突然从拐角处出现了一辆车。

2) Недавно наш директор вернулся из-за границы и привёз каждому из нас подарки. 不久前我们校长从国外回来，并给我们每个人都带回了礼物。

3) Гость встал из-за стола и сказал: «Давайте выпьем за хозяйку!» 客人从桌子旁站起来说："让我们为女主人干杯！"

4) Дети долго смотрели из-за двери, они увидели незнакомого. 孩子们从门后往外看了很久，他们看见了一个陌生的人。

5) У нас в институте работает немало преподавателей из-за границы. 有不少来自国外的老师在我们学院工作。

6) Недавно Оля получила письмо из-за границы и очень обрадовалась. 不久前奥莉娅收到了国外的来信，她非常高兴。

7) Утром мы всей группой поехали за город, только к вечеру мы вернулись из-за города. 早上我们全班去了城外，直到傍晚我们才从城外回来。

8) Около двух часов лодка вернётся из-за реки. 大约两点钟小船会从河那边回来。

находи́ть, нахожу́, нахо́дишь, нахо́дят

найти́, найду́, найдёшь, найду́т; нашёл, нашла́, нашло́, нашли́ (*кого-что*) 找到，捡到，拾到

1) К счастью, дядя Лю без труда нашёл свою собаку. 幸运的是，刘叔

叔没费力气就找到了自己的小狗。

2) Я искала ключ целый день, наконец нашла под диваном. 我找钥匙找了一整天,终于在沙发底下找到了。

3) По дороге домой ученик нашёл деньги и на второй день отдал своему учителю. 回家的路上学生捡到了钱,并于第二天交给了自己的老师。

4) Если вы найдёте мой студенческий билет, скажите мне, пожалуйста. 如果您拾到了我的学生证,请告诉我。

5) Скоро Соколов нашёл новую квартиру и переехал на неё. 索科洛夫很快找到了新住房,并且搬了进去。

6) Сейчас студентам трудно найти довольную работу после окончания университета. 现在大学生大学毕业后很难找到满意的工作。

7) В городской библиотеке Инна нашла интересную книгу и решила взять её. 在市图书馆因纳找到了一本有趣的书,并且决定借阅这本书。

8) В нашей группе лучше Эммы не найдёшь. 在我们班再也找不到比埃玛更好的了。

9) Кто хочет, тот найдёт. 有志者事竟成。

поднима́ться, поднима́юсь, поднима́ешься, поднима́ются

подня́ться, подниму́сь, подни́мешься, подни́мутся; подня́лся, поднясла́сь, поднясло́сь, подняли́сь (*откуда куда*) 登上,走上;站起来;升起

1) Когда туристы поднялись на гору, было уже темно. 当游客们登上山时,天色已黑。

2) Ученики перешли шорокую дорогу и поднялись по лестнице в музей. 学生们穿过宽阔的马路,走楼梯上去,进入了博物馆。

3) Зачем подниматься на восьмой этаж по лестнице? Можно воспользоваться лифтом. 为什么走楼梯上八楼?可以乘电梯。

4) Сейчас в супермаркетах люди поднимаются и спускаются на эскалаторе. 现在在超市里人们乘坐自动升降梯上上下下。

5) Про Мексику нередко говорят, что ездить по этой стране значит или подниматься, или спускаться. 在谈到墨西哥时,人们常常说,在

这个国家旅行不是上山就是下山。

6) Когда соревнования кончились, тренер поднялся со стула и подошёл к спортсменам. 当比赛结束时，教练从椅子上站起来走向运动员们。

7) Луна поднялась, вечер наступил. 月亮升起，晚上来临。

8) Утром туман поднялся с реки. 早上雾从河上升起来了。

ра́доваться, ра́дуюсь, ра́дуешься, ра́дуются

обра́доваться (*кому-чему*) 感到高兴，感到喜悦

1) Я очень обрадовался первому письму от родителей. 我为第一次收到父母的来信而感到非常高兴。

2) Я люблю зиму и всегда радуюсь снегу. 我喜欢冬天，并且下雪时总是很高兴。

3) Мать от всей души обрадовалась хорошей успеваемости сына. 妈妈为儿子取得的好成绩感到由衷的高兴。

4) Учитель радуется каждому успеху своих учеников. 老师为自己学生的每一份成功感到高兴。

5) Все родственники обрадовались удачной операции. 所有亲属都为手术的成功而高兴。

6) Когда бабушка и дедушка узнали, что свой внук поступил в известный университет, они обрадовались, как маленькие дети. 当爷爷奶奶知道自己的孙子上了知名大学时，他们高兴得像小孩子一样。

7) В нашей группе все товарищи сдали экзамены на отлично, мы радуемся друг другу. 我们班级所有同学都以优异成绩通过了考试，我们彼此都非常高兴。

8) У нас на родине бывает хорошая погода весной. Я радуюсь и весне, и хорошей погоде. 在我们家乡春天的天气常常很好。我为春天，为好天气而喜悦。

привози́ть, привожу́, приво́зишь, приво́зят

привезти́, привезу́, привезёшь, привезу́т; привёз, привезла́, привезло́, привезли́ (*кого-что откуда, куда*) 运来，带来，捎来

1) Дядя Ван привёз жене французские духи из Франции. 王叔叔从法

国给妻子带来法国香水。

2) Дочка просит отца привезти ей матрёшку из России. 女儿请求父亲从俄罗斯给她带回来套娃。

3) В мой день рождения муж привёз мне свежие цветы с юга. 在我过生日时丈夫给我从南方带来了鲜花。

4) Нам привезли много новых книг из-за границы. 有人从国外给我们带来很多新书。

5) Родственники не знают, кто привёз больного в больницу. 亲属们不知道是谁把病人送到医院的。

6) В мае в нашу библиотеку привезли книги и журналы на иностранных языках. 五月份外文书籍和杂志运到了我们图书馆。

7) Каждый год осенью из деревни привозят разные овощи в город. 每年秋季都从农村往城里运送各种蔬菜。

8) Соседи уже помогли хозяевам привезти новую мебель на дачу. 邻居们已经帮主人往别墅运送了新家具。

повести́, поведу́, поведёшь, поведу́т; повёл, повела́, повело́, повели́ (*кого-что куда*) 领着走,带领

1) Хозяин повёл гостя в гостиную и показал ему семейный альбом. 主人领客人去客厅,并给他看家庭相册。

2) Подруга взяла ключ и повела нас в новую квартиру. 女友带上钥匙并领我们去了新住宅。

3) Экскурсовод повёл посетителей в первый зал и стал объяснять им. 导游领着参观者去了第一展厅,并开始给他们解说。

4) Медсестра повела больного под руку в кабинет врача. 护士搀扶着病人把他带到了医生办公室。

5) Молодой человек повёл ребёнка за руку в детский сад. 年轻人领着孩子的手去了幼儿园。

6) Сначала я повёл друзей в нашу библиотеку, в общежитие, потом в столовую. 一开始我领朋友们去了我们的图书馆和宿舍,然后去了食堂。

накрыва́ть, накрыва́ю, накрыва́ешь, накрыва́ют

накры́ть, накро́ю, накро́ешь, накро́ют (*кого-что*) 盖上，蒙上

1) Накрой сына одеялом, а то простудится. 给儿子盖上被子，不然会感冒的。
2) Когда мама вошла, Юра накрыл свою тетрадь большой книгой. 当妈妈进来时，尤拉用一本大书盖上了自己的练习本。
3) Перед едой надо накрыть стол скатертью. 饭前应该将桌子蒙上桌布。
4) Паша, пора накрывать ужин. Папа сейчас вернётся. 帕沙，到摆桌吃晚饭的时间了。爸爸马上回来。
5) В гостиной гость помог хозяйке накрыть на стол. 在客厅客人帮女主人摆好桌。
6) Андрюша, накрой стол, пора обедать. 安德留沙，摆好桌子，该吃午饭了。
7) Тётя накрыла на стол и позвала детей за стол. 姑姑摆好桌子，叫孩子们吃饭。

сажа́ть, сажа́ю, сажа́ешь, сажа́ют

посади́ть, посажу́, поса́дишь, поса́дят (*кого куда*) 让坐下；(*что*) 栽种，种植

1) Оля, посади Колю рядом с Борисом. 奥莉娅，让科里亚坐到鲍里斯旁边。
2) Дядя посадил меня рядом с сестрой. 叔叔让我坐到姐姐旁边。
3) Я посадила дочь на диван и начала говорить ей. 我让女儿坐到沙发上，并开始对她说。
4) Пора ложиться спать. Мама посадила ребёнка на кровать. 该睡觉了。妈妈让孩子上床。
5) Дедушка считает, что сейчас сажать рис ещё рано. 爷爷认为现在种水稻还早。
6) Таня учит меня сажать яблоню в саду. 塔尼娅教我在花园里种苹果树。
7) В нашем огороде сажают разные овощи: картофель, капусту, помидоры и другие. 我们菜园里种各种各样的蔬菜：有马铃薯、白菜、西红柿等等。
8) Этой весной я посадил цветы под окном. 今年春天我在窗下种了花。

налива́ть, налива́ю, налива́ешь, налива́ют

нали́ть, налью́, нальёшь, нальют; нали́л, налила́, нали́ло, нали́ли (*кому что*) 倒，斟

1) Витя, налей гостю молоко. 维佳，给客人倒牛奶。
2) Гость попросил официанта налить тарелку супа. 客人请服务员盛一盘汤。
3) Налей мне стакан сока, я хочу попробовать. 给我倒杯果汁，我想尝尝。
4) Перед сном Яша налил себе рюмку красного вина. 睡前雅沙给自己倒了杯红葡萄酒。
5) Вам налить чаю? 给您倒点茶，好吗？
6) Хозяйка помогла гостям налить пиво в стаканы. 女主人帮客人们往杯子里倒啤酒。
7) Федя налил вино в рюмку и стал пить. 费佳往酒杯里倒完葡萄酒，便开始喝起来。
8) — Я тебе налью водку? "我给你倒伏特加，好吗？"

— Хорошо, нелей немножко. "好的，少倒一点。"

выпива́ть, выпива́ю, выпива́ешь, выпива́ют

вы́пить, вы́пью, вы́пьешь, вы́пьют (*что*) 喝下，(*за что*) 为……干杯

1) Во время работы я обычно выпиваю две чашки кофе. 工作时我一般喝两杯咖啡。
2) Утром Вика выпила стакан молока и уехала на работу. 早上维卡喝了一杯牛奶后便去上班了。
3) Каждый из нас должен выпить по рюмке вина, это я сама готовила. 我们每个人都应该喝杯葡萄酒，这是我自己酿的。
4) Давайте выпьем за дружбу! 让我们为友谊干杯！
5) Я предлагаю выпить за здоровье нашего преподавателя. 我提议为我们老师的健康干杯。
6) Мы выпьем за успех дела. 我们为事业的成功干杯。
7) Налей им по стакану — пусть выпьют за Родину. 给他们每人倒一

杯，为祖国干杯。

8）Давай выпьем до дна！让我们干了这杯！

расспра́шивать，расспра́шиваю，расспра́шиваешь，расспра́шивают

расспроси́ть，расспрошу́，расспро́сишь，расспро́сят（*кого-что о ком-чём*）详细询问

1）Наш мэр посетил эту фабрику и подробно расспросил рабочих о зарплатах и о работе. 我们市长参观了这家工厂，并且向工人们详细询问了工资和工作情况。

2）Я страстно хочу расспросить брата о здоровье матери. 我非常想向哥哥详细询问母亲的健康情况。

3）Старые соседи，которые много лет не виделись，расспрашивают друг друга обо всём. 很多年没见的老邻居们互相询问各方面的情况。

4）Расспроси преподавателя о том，как писать дипломную работу. 要详细问问老师怎样写毕业论文。

5）Мы около двух часов расспрашивали его о впечатлениях от поездки в Шанхай. 我们用了大约两个小时的时间询问他上海之行的感受。

6）После праздника товарищи расспросили меня о том，как я провёл праздник. 节后同事们详细询问了我是如何过节的。

7）Во время ужина Олега расспрашивали о поездке за границу. 晚饭时大家详细询问了奥列格出国的情况。

8）Старая бабушка никак не смогла найти свой дом，и она расспросила девочку о дороге. 老奶奶怎么也找不到自己的家，所以她向女孩仔细问了路。

обме́ниваться，обме́ниваюсь，обме́ниваешься，обме́ниваются

обменя́ться，обменя́юсь，обменя́ешься，обменя́ются（*кем-чем*）互换，交换，交流

1）Уже несколько лет наша страна и Россия обмениваются школьниками，студентами и аспирантами. 我们国家和俄罗斯互换中学生、大学生和研究生已经好几年了。

2）На новогоднем вечере мы с русскими преподавателями обменялись подарками и фотографиями. 在新年晚会上我们和俄罗斯教师们交

换了礼物和照片。

3) Кирилл увлекается марками. Он часто обменивается с товарищами марками. 基里尔酷爱集邮。他经常和同学们互换邮票。

4) Давайте обменяемся местами, так будет удобно. 让我们互换位子吧,这样方便。

5) Когда Иван вернулся из-за границы, он обменялся с нами впечатлениями о поездке в Америку. 当伊万从国外回来后,他与我们交流了去美国的感受。

6) По этим вопросам обе стороны обменялись мнениями. 双方就这些问题交换了意见。

7) По вечерам Максим ходит в клуб и обменивается со знакомыми новостями. 每晚马克西姆都去俱乐部并与认识的人交流新闻。

8) Недавно к нам в компанию поступил новый сотрудник. Мы обменялись друг с другом опытом работы. 不久前我们公司来了位新员工。我们互相交流了工作经验。

убира́ть, убира́ю, убира́ешь, убира́ют

убра́ть, уберу́, уберёшь, уберу́т; убра́л, убрала́, убра́ло, убра́ли (*что*) 拿走;整理,收拾;收割

1) Когда я купил несколько новых книг, убрал ненужные книги с полки в шкаф. 当我买了几本新书后,就将不需要的书从架子上拿下来放到柜子里了。

2) Учитель приказал ученикам убрать все столы из класса. 教师让学生们把所有桌子搬出教室。

3) Убери отсюда свои вещи, а то они мне будут мешать. 请把自己的东西从这里拿走。否则它们该妨碍我了。

4) Когда гости уехали, тётя начала убирать со стола. 当客人们走后,阿姨开始收拾桌子。

5) Таня, помоги мне убрать комнату, ко мне придут родственники. 塔尼娅,帮我收拾房间,我这儿要来亲戚了。

6) После занятий дежурные обычно убирают аудиторию. 值日生通常课后打扫教室。

7) Осенью с раннего утра мои родители выходили убирать урожай. 秋天一大早我的父母就出去收割庄稼了。

8) Комбайны бывают разные: одни убирают пшеницу, другие — картофель, третьи — рис. 联合收割机常常是各种各样的：一些收割小麦，另一些收割马铃薯，还有一些收割水稻。

по́ра́ 时候，时期；(*кому с инф.*) 到……时候了

1) В зимнюю пору в северной деревне работы не очень много. 冬季时北方农村的农活不是很多。

2) На первых порах мне с трудом давалась грамматика русского языка. 最开始时俄语语法对我来说很难掌握。

3) Наступила весна, пора сдавать экзамены. 春天来了，该考试了。

4) Давно пора на обед, а ты всё ещё работаешь. 早就该吃午饭了，而你还在工作。

5) Верочка, пора вставать, а то опоздаешь. 韦罗奇卡，该起床了，否则该迟到了。

6) Уже десять часов, пора ложиться спать. 已经十点了，该躺下睡觉了。

уходи́ть, ухожу́, ухо́дишь, ухо́дят

уйти́, уйду́, уйдёшь, уйду́т; ушёл, ушла́, ушло́, ушли́ (*откуда*, *куда*) 离开

1) Вы что, уходите? Посидите ещё немножко. 您怎么，要走了？再多坐一会儿吧。

2) Боря ушёл, и никогда не вернётся. 鲍里亚走了，再也不会回来了。

3) Товарищи ушли в лес за грибами. 同学们去森林采蘑菇了。

4) Я хочу уйти домой, а то мама будет переживать за меня. 我想回家，否则妈妈会担心我的。

5) Солнце ушло за гору, пора кончать работу. 太阳下山了，该结束工作了。

6) Когда этой артистке было восемнадцать лет, она ушла от родителей. 当这个女演员18岁时，她就离开了父母。

7) Фёдор был женат, но жена давно ушла от него. 费奥多尔结过婚，但是妻子早就离开他了。

8) Эмма решила уйти с завода и поступить работать в банк. 艾玛决定离开工厂去银行工作。

9) Наш директор обычно уходит из компании в половине седьмого. 我们经理一般6点半时离开公司。

* **благодари́ть**

поблагодари́ть (*кого-что за что*) 感谢

1) Благодарю вас за то, что вы помогли мне. 感谢您帮助了我。
2) От всей души благодарим наших учителей. 衷心感谢我们的老师们。
3) От всего сердца благодарю тебя за помощь. 衷心感谢你的帮助。
4) Лида поблагодарила подругу за вкусный ужин и ушла домой. 莉达感谢朋友美味的晚餐后便回家了。
5) Они благодарят нас за внимание и заботу. 他们感谢我们的关注与关心。
6) Перед уходом надо благодарить хозяев. 离开前应该向主人致谢。
7) Хозяин проводил гостей до двери и ещё раз поблагодарил их за приезд. 主人送客人到门口,并再一次感谢他们的到来。
8) В мой день рождения Нина подарила мне красивый шарф, и я её очень поблагодарила. 在我生日时尼娜送给我一条漂亮的围巾,我很感谢她。

попроща́ться, попроща́юсь, попроща́ешься, попроща́ются (*с кем-чем*) 告辞,告别

1) Я пришёл с вами попрощаться. Завтра уезжаю в Шанхай. 我是来和你们告别的。明天我要去上海。
2) Пора было уходить. Я поблагодарил хозяев и попрощался. 该走了。我向主人致谢并告辞。
3) Перед уходом надо попрощаться с хозяевами. 离开前应该和主人告别。
4) Ну, попрощаемся, друзья, ведь завтра мы уезжаем на море. 那么,再见了,朋友们,我们明天就要去海边了。
5) Он не попрощался с нами, поэтому мы не знаем, куда он уехал. 他没和我们道别,所以我们不知道他去哪了。

6) На вокзале друзья попрощались друг с другом. 在火车站朋友们互相道了别。

7) Извините, что я забыла с вами попрощаться. 对不起,我忘了与你们道别。

8) Лёня очень беспокоится, что не успеет попрощаться с товарищами. 廖尼亚非常担心会来不及与同志们告别。

провожа́ть, провожа́ю, провожа́ешь, провожа́ют

проводи́ть, провожу́, прово́дишь, прово́дят (*кого-что*) 送行

1) Ну, я пошёл. Не провожай. 那么,我走了。不用送了。

2) Уже поздно. Давай я тебя провожу до дома. 已经晚了。让我送你到家吧。

3) Я проводила свою подругу до остановки, и мы попрощались. 我把自己的女友送到车站,我们道了别。

4) По-моему, надо проводить иностранных гостей в аэропорт. 我认为,应该送外国客人们到机场。

5) После ужина Саша пошёл проводить Дашу в институт . 晚饭后萨沙去送达莎到学院。

6) Мы едем на вокзал проводить гостей. 我们去火车站送客人们。

7) Когда докладчик сделал доклад, люди проводили его аплодисментами. 当报告人做完报告后,人们鼓掌欢送他。

8) Анна долго стоит там, провожает мужа глазами. 安娜长时间站在那里,目送丈夫。

Урок 6

☞ 对话 Диалоги

* **увлека́ться**

увле́чься (*чем*) 酷爱,着迷

1) Вася увлекается разными видами спорта: футболом, теннисом, плаванием, бегом и так далее. 瓦夏热衷于各种运动项目:足球、网球、游泳、跑步等。

2) Мой племянник увлекается музыкой, ни одного концерта не пропускает. 我外甥对音乐着迷,任何一场音乐会都没错过。

3) Люда с детства увлекалась физикой, поэтому после окончания школы она поступила на факультет физики. 柳达从小就酷爱物理,因此中学毕业后考入了物理系。

4) В университете я увлёкся книгами. Чтение занимает у меня много времени. 大学里我迷上了读书。读书占据我很多时间。

5) Сестра увлеклась театром. Два раза в день она ходит на спектакли. 姐姐迷上了戏剧。她每天去看两次戏剧。

6) Внук увлёкся шахматами, и по вечерам он с дедушкой играют в шахматы. 孙子爱上了象棋,每天晚上他都和爷爷下象棋。

7) Все мы родились на севере, увлекаемся катанием на коньках и на лыжах. 我们大家都生在北方,酷爱滑冰和滑雪。

8) Я не могу сказать, что увлекаюсь фотографией, но фотография меня всё время интересует. 我不能说我对摄影着迷,但是我一直对摄影都很感兴趣。

ката́ться, ката́юсь, ката́ешься, ката́ются(*на чём*) 骑,滑,溜

1) Давайте поедем в парк кататься на лодке. 让我们去公园划船吧。

2) Я любитель спорта, летом плаваю в бассейне, а зимой катаюсь на коньках. 我是体育爱好者,夏天在游泳池游泳,冬天滑冰。

3) Олег первый раз приехал в этот город. Вчера весь день он катался на велосипеде по городу. 奥列格第一次来到这个城市。昨天一整天他骑自行车游览了城市。

4) Время это было очень весёлое. Мы с друзьями катались на лодках, гуляли, фотографировались, катались на лошадях. 这段时间过得很愉快。我和朋友们划船、散步、拍照、骑马。

5) Вот видите, дети катаются с горы на санках. Как весело! 你们看,孩子们正坐着雪橇从山上滑下来。多快乐啊!

6) По воскресеньям мы ездим на каток кататься на коньках. 每逢周日我们都去冰场滑冰。

7) Я ещё не умею кататься на мотоцикле. Вы можете меня учить? 我

还不会骑摩托。您能教我吗？

8) Зимой мы две недели катались на лыжах в горах. 冬天时我们在山里滑雪滑了两周。

занима́ть, занима́ю, занима́ешь, занима́ют

заня́ть, займу́, займёшь, займу́т; за́нял, заняла́, за́няло, за́няли (*что*) 占去，占用

1) Новые книги о Пушкине заняли всю полку. 有关普希金的新书占了整个书架。

2) На этот раз Шура занял первое место в классе. 这一次舒拉考了班级第一。

3) Займи мне место. Я зайду за водой. 帮我占个位置。我去打水。

4) Мои товарищи рано приехали в зал и заняли первый ряд. 我的同学很早就来到大厅，占了第一排的座位。

5) В этом здании наш факультет занимает весь третий этаж. 我们系占了这个楼的整个第三层。

6) Извините, что я заняла у вас так много времени. 对不起，我占用了您这么多时间。

7) Как студент, я никогда не скучаю: учёба и работа почти заняли у меня всё время. 作为大学生我从来都不觉得寂寞：学习和工作几乎占去了我所有的时间。

8) Каждый день чтение газет занимает у дедушки полчаса. 每天爷爷用半个小时的时间读报。

пропуска́ть, пропуска́ю, пропуска́ешь, пропуска́ют

пропусти́ть, пропущу́, пропу́стишь, пропу́стят (*кого-что*) 使通过；漏掉，错过

1) Без билета никого не пропускай. 没有票不要让任何人进场。

2) За двадцать минут до начала фильма работники пропустили зрителей в зал. 电影开演前二十分钟工作人员放观众进场。

3) Пропустим этот автобус — уже нет свободного места. 我们别上这辆公共汽车了，已经没有空位了。

4) Мы пропустили два троллейбуса, и сели на третий. 我们错过了两

辆无轨电车，于是坐上了第三辆。

5）Дети увлекаются телевизором, ни одной телепередачи не пропускают. 孩子们酷爱看电视，任何一个电视节目都没错过。

6）Я страстный болельщик, никогда не пропускаю по телевизору футбольных соревнований. 我是狂热的球迷，从没错过电视里播放的足球比赛。

7）В своём сочинении Лариса пропустила несколько слов, и получила только четвёрку. 拉里萨的作文里漏掉了几个词，所以只得了四分。

8）Нина заболела, и она пропустила несколько уроков. 尼娜生病了，所以缺了几堂课。

конча́ться, конча́ется, конча́ются

ко́нчиться, ко́нчится, ко́нчатся 完成，结束

1）Лето кончается, скоро будет осень. 夏天快结束了，很快就是秋天。

2）Каникулы кончились, все студенты вернулись в институт. 假期结束了，所有的大学生都返校了。

3）Декабрь кончается, скоро будет Новый год и зимние каникулы. 12月快过去了，很快就是新年和寒假。

4）Всё хорошо, что хорошо кончается. 结果好就一切都好。

5）Мы хотим узнать, чем кончатся соревнования по теннису. 我们想知道网球比赛的最后结果。

6）Фильм кончился, из зала стали выходить люди. 电影演完了，人们开始从大厅出来。

7）Спектакль кончился, но не кончились аплодисменты. 戏演完了，但是掌声还没有停止。

8）Билеты на сегодня кончились, и мы решили купить на завтра. 今天的票卖完了，于是我们决定买明天的。

прои́грывать, прои́грываю, прои́грываешь, прои́грывают

проигра́ть, проигра́ю, проигра́ешь, проигра́ют（*что кому*）输，输掉

1）Наша команда редко проигрывала соревнования. 我们队很少输掉比赛。

2）Они проиграли на чемпионате, вот не ожидал. 他们在冠军赛中输

了,这我真没想到。

3) Сначала этот китайский шахматист проиграл партию в шахматы, но потом выиграл две партии. 一开始这位中国象棋手输了一局,但是后来赢了两局。

4) Думаю, на этот раз мы не проиграем матч. 我觉得这次我们不会输掉比赛。

5) Футболисты «Спартака» проиграли динамовцам со счётом 0:2. 斯巴达克足球队球员以0:2 输给了狄纳莫球员。

6) Очень жаль, что аспиранты проиграли, ведь за две минуты до конца соревнования они ещё в счёте. 真可惜,研究生输了,要知道比赛结束前两分钟他们还是领先的。

7) Их команда играла хорошо, ей проиграла даже городская. 他们队打得很好,连市队都输给了他们。

8) — Чем закончилась игра? "比赛结果怎么样?"

— Русская команда проиграла нашей со счётом 1:3. "俄罗斯队以1:3 输给了我们队。"

ожида́ть, ожида́ю, ожида́ешь, ожида́ют (*чего*, *с инф.*) 预料;期待

1) Этого никак не ожидал. 这个我怎么都没料到。

2) Она никак не ожидала, что дочь поступила в Пекинский университет. 她怎么都没料到女儿考上了北大。

3) Игра кончилась со счётом 21:5, вот мы не ожидали. 比赛以21:5 结束了,这个我们没有料到。

4) Мы не ожидали этого вопроса на таком собрании. 在这样的会上我们没有料到会提出这个问题。

5) Какая встреча! Вот не ожидал встретить тебя здесь. 真是巧遇啊!没想到会在这儿遇见你。

6) Мы ожидаем, что вы к нам приедете ещё. 我们期待你们下次再来。

7) Студенты ожидают получить помощь со стороны института. 学生们期待从院方获得帮助。

8) Я ожидаю следующей встречи с новыми друзьями. 我期待与新朋友的下一次相会。

вы́игрывать, вы́игрываю, вы́игрываешь, вы́игрывают

вы́играть, вы́играю, вы́играешь, вы́играют (*что у кого*) 赢

1) Сейчас счёт 65:60, выигрывают студенты у аспирантов. 现在比分是65:60,大学生领先于研究生。

2) Первая команда выиграла, она на пять очков впереди. 一队赢了,它领先五分。

3) Этот американский спортсмен — чемпион мира, он всегда выигрывает соревнования. 这个美国运动员是世界冠军,他总是赢得比赛。

4) Мы верим, что наш народ выиграет эту справедливую войну. 我们相信我们的人民会赢得这场正义的战争。

5) Наша команда не только выиграла у той сильной команды, но и с большим счётом. 我们队不仅赢了那个强队,而且还是以大比分赢的。

6) Анна давно мечтала выиграть у своего отца хотя бы одну партию. 安娜早就梦想赢自己的父亲,哪怕是一局也好。

7) Русская команда выиграла у японской со счётом 3:2. 俄罗斯队以3:2 赢了日本队。

8) — Как вам кажется, кто выиграет игру? "你们认为谁能赢得比赛?"
   — Конечно, шанхайская. "当然是上海队。"

боле́ть, боле́ю, боле́ешь, боле́ют (*чем*) 患病;(*за кого-что*) 加油

1) У брата слабое здоровье, он часто болеет. 弟弟体质弱,他经常生病。

2) Профессор Ван болеет уже неделю, надо навестить его. 王教授已经生病一周了,应该去看望他。

3) — Чем ты болеешь, Фея? "费娅,你得什么病了?"
   — Серьёзным гриппом. "重流感。"

4) От лени болеют, от труда здоровеют. 勤劳者健壮,懒惰者百病生。

5) — За какую команду ты болеешь, Фома? "福马,你为哪个队加油?"
   — За свою, конечно. "当然给自己队。"

6) Благодарю вас, что вы болели за нас. 非常感谢你们给我们加油。

7) Папа болеет за пекинскую команду, а мама — за гуандунскую. 爸爸为北京队加油,而妈妈给广东队加油。

8) Давайте пойдём на стадион болеть за Алёшу. 让我们去体育场给阿

廖沙加油吧。

☞ 课文 Текст

появля́ться, появля́юсь, появля́ешься, появля́ются

появи́ться, появлю́сь, поя́вишься, поя́вятся 出现，产生

1) Появилось солнце, начался новый день. 太阳出来了，新的一天开始了。

2) На небе появились первые звёзды, вечер наступил. 天上出现了第一批星星，傍晚来临了。

3) Осень подходит. На рынках появились осенние овощи: капуста, картошка, морковь... 秋天要来了。市场上出现了秋季蔬菜：白菜，土豆，胡萝卜等。

4) Город растёт. В нашем городе каждый год появляются новые дома, школы, улицы, фабрики. 城市在发展。我们城市里每年都有新的房屋、学校、街道和工厂出现。

5) По воскресеньям в газетах появляются его статьи. 每周日的报纸上都会刊登他的文章。

6) В десять лет у мальчика появилось сильное желание стать известным музыкантом. 男孩 10 岁时就产生了成为著名音乐家的强烈愿望。

7) У меня в голове появилась одна интересная мысль: надо познакомиться с ним. 我脑海中产生了一个有趣的想法：应该和他认识认识。

8) С детства у Чайковского появился большой интерес к музыке. 柴可夫斯基从小就对音乐产生了浓厚的兴趣。

каза́ться, кажу́сь, ка́жешься, ка́жутся

показа́ться (*кем-чем*, *каким*) 看上去，样子像，显得；(*кому*) 觉得，认为

1) Этот мужчина показался людям совсем ребёнком. 这个男人给人们的感觉完全像小孩。

2) Тёте Любе было уже сорок два года, но она казалась моложе своих лет. 柳芭阿姨已经 42 岁了，但是她看起来比实际年龄小。

3) Вода показалась ему холодной. 他觉得水很冷。

4) При первой встрече новый учитель казался нам строгим, а потом мы поняли, что он человек добрый. 初次见面时新老师给我们的感觉很严厉,后来我们明白了,他是个善良的人。

5) Однажды мне показалось, что я заболел гриппом. 有一次我感觉自己得了流感。

6) Как вам кажется, стоит купить этот компьютер? 您觉得怎样,这台电脑值得买吗?

7) Некоторым может казаться, что учёба в университете простая и неинтересная, но это неправда. 一些人可能认为,大学学习简单并且无趣,但这是不对的。

8) Нам кажется, что наша команда выиграет этот матч. 我们认为,我们队会赢得这场比赛。

бросáть, бросáю, бросáешь, бросáют

брóсить, брóшу, брóсишь, брóсят (*кого-что*) 抛弃,放弃;(*с инф.*) 停止做

1) Раз вы начали эту работу, не бросайте её на полпути. 既然你们开始了这项工作,就不要半途而废。

2) Разве можно бросать свои слова на ветер? 难道可以说话不算数吗?

3) Настоящий человек никогда не бросит своего друга в беде. 真正的人永远都不会在遇到不幸时抛弃自己的朋友。

4) Когда этот мужчина устроился в город на работу, он сразу бросил жену и детей. 当这个男人在城里找到工作后,他立刻抛弃了妻子和孩子们。

5) Мать тяжело заболела, дочери пришлось бросить школу. 妈妈生了重病,女儿不得不辍学。

6) Чтобы поступить в известный университет, Федя бросил заниматься своим любимым делом — музыкой. 为了考上名牌大学,费佳放弃了自己喜欢的事业——音乐。

7) Отец хотел бросить курить, но не бросил: это для него так же трудно. 父亲想要戒烟,但是没戒成,这个对他来说太难了。

8) После разговора с отцом Петя бросил играть в компьютерные иг-

ры. 同父亲谈过话后彼佳不再玩电脑游戏了。

запи́сываться, запи́сываюсь, запи́сываешься, запи́сываются

записа́ться, запишу́сь, запи́шешься, запи́шутся（*куда*）报名；注册；挂号

1) В университете спорт не хочу бросить, думаю записаться в институтскую спортивную секцию. 大学期间我不想放弃体育运动，想报名加入院体育部。

2) Я увлекаюсь настольным теннисом, и решил записаться в секцию настольного тенниса. 我酷爱乒乓球，所以决定报名参加乒乓球组。

3) В восемнадцать лет мой племянник записался в армию. 我外甥（侄子）18 岁时入伍了。

4) Вы, наверное, запишетесь в городской спортивный клуб? 您大概要加入市体育俱乐部吧？

5) У мужа появился интерес к кулинарии, и он записался на курсы поваров. 丈夫对烹饪产生了兴趣，于是他报名参加了厨师培训班。

6) Как правило, студенты записываются в университет в начале сентября. 大学生通常于 9 月初到校注册。

7) Когда вы поступите в вуз, вы должны сразу записаться в библиотеку. 当你们进入大学后，应该立刻到图书馆办理手续。

8) Утром у меня зуб сильно болел, и я записалась на приём к зубному врачу. 早上我牙很疼，于是我挂了牙医的号。

9) Скажите, пожалуйста, могу ли я записаться на приём к доктору Сергееву? 请问，我能挂谢尔盖耶夫大夫的号吗？

доводи́ть, довожу́, дово́дишь, дово́дят

довести́, доведу́, доведёшь, доведу́т; довёл, довела́, довело́, довели́（*кого-что до чего*）把……进行到；引到，带到

1) Раз начал работу, доведи её до конца. 既然开始了工作，就做完它。

2) Хотя математика даётся нам с трудом, но мы должны довести дело до конца. 尽管数学对我们来说很难，但是我们应该学完。

3) Книгу мы уже довели до страницы номер десять. 书我们已经看到第 10 页了。

4) В конце соревнований наша хоккейная команда довела счёт до шести очков в нашу пользу. 比赛结束时我们冰球队把比分打到6分，我们领先。

5) Мы доведём температуру в комнате до двадцати градусов выше нуля. 我们会使房间的温度达到零上20度。

6) Язык до Киева доведёт. 有嘴走遍天下。

7) Помогите мне, пожалуйста, довести больного до главного входа в поликлинику. 请帮我把病人送到门诊部正门入口处。

8) Иванов довёл друга до остановки и попрощался с ним. 伊万把朋友带到车站，同他道了别。

хотя бы 哪怕，就算……也好

1) Жди его хотя бы три дня, он обязательно вернётся. 哪怕等他3天也好，他一定会回来的。

2) Читайте по-русски утром, хотя бы полчаса. 早上哪怕读半个小时的俄语也好。

3) Я хочу купить тебе что-нибудь, хотя бы одну книгу. 我想给你买点什么，哪怕是一本书。

4) Давайте поговорим о жизни в университете, хотя бы несколько минут. 让我们谈谈大学生活吧，哪怕几分钟也好。

5) Мама, дайте мне деньги, хотя бы десять рублей. 妈妈，给我点钱吧，就算10卢布也好。

6) Ты обязательно придёшь, хотя бы и после двух часов. 你一定要来，哪怕是两点之后。

7) Позанимайтесь спортом, хотя бы один раз в день. 运动运动吧，哪怕是一天一次也行。

8) Не можешь ли ты правильно ответить на мои вопросы, хотя бы на один вопрос? 你不能正确回答我的问题吗？哪怕只有一个。

добива́ться, добива́юсь, добива́ешься, добива́ются

доби́ться, добью́сь, добьёшься, добью́тся (*чего*) 达到，取得

1) Не трудиться — хлеба не добиться. 不劳动者不得食。

2) Кто хочет, тот добьётся. 有志者事竟成。

3) Наконец этот спортсмен добился своей цели: стал чемпионом мира. 这个运动员终于达到了自己的目标——成为了世界冠军。

4) Надо много работать, чтобы добиться успеха. 为了取得成功，应该努力工作。

5) За четыре года учёбы в университете наши студенты добились больших успехов во всём. 大学学习的四年间我们的大学生们在各方面都取得了很大的成绩。

6) Лет десять подряд в деревнях добивались хороших урожаев. 农村连续10来年都取得了好收成。

7) Такой отличной успеваемости она добилась упорным трудом. 她靠着顽强的努力取得了如此优异的成绩。

8) Благодаря компартии Китая китайский народ добился освобождения и свободы. 多亏了中国共产党，中国人民才获得了解放和自由。

жале́ть, жале́ю, жале́ешь, жале́ют

пожале́ть (*кого-что*) 可怜，怜悯；珍惜，吝惜

1) Пожалей меня. Я уже несколько дней не ел, не пил. 可怜可怜我吧，我已经几天没吃没喝了。

2) Все его жалели, но никто ему не помог. 所有人都可怜他，但是没有人帮助他。

3) Он жалеет этого больного старика, часто помогает деньгами. 他很可怜这个生病的老人，经常用钱来帮助他。

4) Надо жалеть животных, ведь они наши друзья. 应该珍惜动物，要知道它们是我们的朋友。

5) Не жалей денег на одежду и книги. 不要心疼买衣服和书的钱。

6) Для своего ученика этот мастер никогда не жалеет добрых слов. 这位师傅对自己的徒弟总是赞不绝口。

7) Для Родины своей ни сил, ни жизни не жалей. 为了自己的祖国不要吝惜力量和生命。

8) Он никогда не жалеет времени на занятия спортом. 他从不吝惜做运动的时间。

Урок 7

☞ 对话 Диалоги

доезжáть, доезжáю, доезжáешь, доезжáют

доéхать, доéду, доéдешь, доéдут (*до чего*) (乘车、船等)来到，抵达

1) Мы решили доехать до центра города на метро. 我们决定乘地铁到市中心。

2) — Скажите, пожалуйста, как доехать до детского парка? "请问，怎样去儿童公园?"

— Лучше всего на автобусе номер три. "最好坐 3 路公共汽车。"

3) По-моему, тебе доехать до университета можно на машине и на поезде, но лучше на поезде. 我认为，你去学校可以乘汽车和火车，但是最好坐火车。

4) Обычно мы доезжаем туда за два часа, а сегодня доехали за три часа. 我们一般用两个小时到那儿，可今天用了三个小时。

5) Как вы сюда доехали? На троллейбусе или на автобусе? 你们是怎么到达这里的？坐无轨电车还是公共汽车？

6) Я сел во второй автобус и через полчаса уже доехал до вокзала. 我坐上 2 路公共汽车，过了半个小时已经到火车站了。

7) Поезжайте на троллейбусе, потом сделайте пересадку на метро, наверное, за час вы доедете до места. 请乘无轨电车，然后换乘地铁，大概一个小时就到地方了。

8) Ваня, с приездом! Как доехал? 万尼亚，欢迎你的到来！一路怎样？

прощáть, прощáю, прощáешь, прощáют

простúть, прощý, простúшь, простя́т (*кого-что*) 原谅

1) — Простите, вы выходите на следующей остановке? "请问，您下一站下车吗?"

— Нет, не выхожу. "不，不下。"

2) — Простите, можно вас спросить? "对不起，可以问您一下吗?"

— Да, пожалуйста. "可以，请问吧。"

3) Простите за беспокойство. 对不起，打扰了。

4) Не всякие ошибки можно простить. 不是所有的错误都可以原谅的。

5) Пусть простят меня товарищи, если я скажу не то. 如果我说的不合适，请同志们原谅。

6) Умей прощать маленькую ошибку. Ведь каждый может делать ошибку. 要学会原谅小错误。要知道每个人都会犯错。

7) Не могу себе простить, что опоздал на занятия. 我不能原谅自己上课迟到。

попада́ть, попада́ю, попада́ешь, попада́ют

попа́сть, попаду́, попадёшь, попаду́т; попа́л, попа́ла, попа́ло, попа́ли (*куда*) 到达

1) Скажите, пожалуйста, как попасть на харбинский вокзал? 请问，怎样去哈尔滨火车站？

2) Как вы попали сюда, в наш город, Николай Петрович? 尼古拉·彼得洛维奇，您怎么来到这儿，来到我们城市的？

3) Каждый раз, когда я попадаю на Красную площадь, я волнуюсь. 每一次我来到红场的时候都很激动。

4) Наконец за две минуты до начала спектакля мы попали в Большой театр. 终于在戏剧开演前两分钟我们到了大剧院。

5) Я первый раз попал сюда. Познакомьте меня, пожалуйста, с этим городом. 我第一次来这里。请给我介绍一下这座城市。

6) Я забыл взять у дежурного ключ и не смог попасть в квартиру. 我忘了从值班人员那儿拿钥匙，所以没有办法进屋。

7) Машина проехала по берегу реки, а потом попала на проспект. 汽车沿河岸行驶，然后来到了大街上。

проезжа́ть, проезжа́ю, проезжа́ешь, проезжа́ют

прое́хать, прое́ду, прое́дешь, прое́дут (*что*, *через что*, *куда́*, *мимо чего*) 走过，驶过；错过

1) Скажите, пожалуйста, как проехать в детскую больницу? 请问，怎么去儿童医院？

2) Вам лучше всего проехать туда на метро. Это будет удобно. 您最好

乘地铁去那儿。这样会很方便。

3) — К музею можно проехать на этом автобусе? “可以坐这个公共汽车去博物馆吗?”

— К сожалению, пока нельзя. Пройдите пешком. “很遗憾,暂时还不可以。走着去吧。”

4) Я с трудом проехал на велосипеде через эту узкую улицу. 我费劲地骑自行车穿过这条窄街。

5) Вчера, когда мы проезжали мимо супермаркета, мы встретили нашего учителя. 昨天,当我们经过超市时,我们遇到了我们的老师。

6) Сколько остановок нужно проехать от вашего дома до нашей компании? 从您家到我们公司需要坐几站?

7) Тебе нужно сесть на третий троллейбус, проехать семь остановок. 你需要坐3路无轨电车,坐七站。

8) В автобусе я всё время смотрела в окно, боялась, что проеду свою остановку. 在公共汽车里我一直望着窗外,生怕坐过站。

9) — Городская библиотека скоро? “市图书馆很快就到了吗?”

— Вы уже проехали свою остановку. “您已经坐过站了。”

переходи́ть, перехожу́, перехо́дишь, перехо́дят

перейти́, перейду́, перейдёшь, перейду́т; перешёл, перешла́, перешло́, перешли́ (*что*, *через что*) 走过,穿过;升入,转到

1) Каждый день в восемь часов утра тётя выходит из дома, переходит улицу и идёт к станции метро. 姨妈每天早上八点从家出来,过马路后去地铁站。

2) От моего дома до фирмы не очень далеко, только нужно перейти через блышую площадь. 从我家到公司不是很远,只需要穿过一个大广场。

3) Вера быстро перешла через гостиную и вошла в свою комнату. 薇拉快速穿过客厅,进到自己的房间。

4) Жизнь прожить — не поле перейти. 生活非易事,人生多艰辛。

5) Таня не любит свою работу, и она решила перейти на другой завод. 塔尼娅不喜欢自己的工作,于是她决定转入另外一个工厂。

6) После летних каникул мы должны перейти на второй курс. 暑假过后我们应该升入二年级。

7) Анна с родителями переехали на новую квартиру, ей пришлось перейти в другую школу. 安娜随父母搬新家了，她不得不转入另外一所学校。

8) В нашем университете только студентам, которые учатся отлично, разрешают перейти на другой факультет. 在我们学校只允许成绩优异的学生转系。

приходи́ться, прихо́дится; приходи́лось

прийти́сь, придётся; пришло́сь (*кому с инф.*) 不得不，只好

1) Маше было плохо. Пришлось положить её в больницу. 玛莎不舒服。只得送她去医院。

2) Тетрадь никак не могу найти, придётся купить новую. 我怎么都找不到练习本，不得不买个新的。

3) Русский язык даётся мне с трудом, мне приходится много и регулярно заниматься. 俄语对我来说很难，我不得不努力地按时学习。

4) От дома до места работы очень далеко, каждый день маме приходится рано выходить из дома. 从家到工作地很远，妈妈只好每天很早出门。

5) У родителей нет своей машины. Им приходится ездить на работу и с работы на городском транспорте. 父母没有自己的车。他们不得不坐城市交通工具上下班。

6) У дяди Лю плохо с сердцем, по советам врача ему пришлось бросить курить и пить. 刘叔叔心脏不好，遵医嘱他不得不戒掉烟和酒。

7) Книгу Ира уже нашла. Ей не пришлось взять из библиотеки. 伊拉已经找到书了。她不必从图书馆借了。

8) Все слова в тексте я хорошо знаю, не приходится пользоваться словарём. 课文里所有的单词我都认识，不需要使用字典。

переса́живаться, переса́живаюсь, переса́живаешься, переса́живаются

пересе́сть, переся́ду, переся́дешь, переся́дут; пересе́л, пересе́ла, пересе́ло, пересе́ли (*куда*) 改坐；(*на что*) 换乘，转乘

1) Пересядьте в первый ряд, там есть свободное место. 请坐到第一排,那里有空座。

2) Когда сын выполнил домашнее задание, он встал со стула и пересел на кровать. 当儿子完成家庭作业后,他从椅子上站起来并坐到床上。

3) Ребёнок пересел к матери на диван и начал слушать её рассказ. 孩子移到沙发上坐到母亲跟前,开始听她讲故事。

4) Пересядьте в кресло, это вам будет удобно. 请您坐到圈椅上去,坐那里会很舒服。

5) — Скажите, пожалуйста, как попасть на стадион? "请问,怎么去体育场?"

— Сначала поезжайте на метро, потом пересядьте на троллейбус. "先乘地铁,然后换乘无轨电车。"

6) Я боялся опоздать, и решил пересесть на скорый поезд. 我怕迟到,所以决定换乘快车。

7) Сначала я проехал три остановки на автобусе, потом пересел на метро. 一开始我坐公共汽车坐了三站,然后换乘地铁。

8) Отсюда до вокзала нет прямого сообщения, мне пришлось пересесть на другой вид транспорта. 从这里到火车站没有直达车,我只得换乘另一种交通工具。

сходи́ть, схожу́, схо́дишь, схо́дят

сойти́, сойду́, сойдёшь, сойду́т; сошёл, сошла́, сошло́, сошли́ (*с чего*) 下车,下来

1) На маленькой станции мы сошли с поезда и пересели на пароход. 我们在一个小站下了火车,并换乘了轮船。

2) На остановке «Музей» с автобуса сошло много пассажиров. 在"博物馆"站有很多乘客下了车。

3) На этой станции сошло много народу, но я не увидел моего друга. 这站下了很多人,但是我没看见我朋友。

4) Поезжайте на метро, проедете четыре станции и сойдёте. 请乘地铁吧,坐四站然后下车。

5) Анна сошла с парохода и пересела на поезд. 安娜从船上下来,换乘火车。

6) Вы не можете мне сказать, когда мне сойти, чтобы доехать до первой больницы? 您能告诉我,到第一医院我该什么时候下车吗?

7) Когда мы сошли с горы, было уже совсем темно. 当我们下山后,天已经完全黑了。

довози́ть, довожу́, дово́зишь, дово́зят

довезти́, довезу́, довезёшь, довезу́т, довёз, довезла́, довезло́, довезли́ (*кого-что до чего*) (乘车、船等)送到,运到,拉到

1) — До аэропорта довезёте? “飞机场去吗?”

— Садитесь, пожалуйста. “请坐吧。”

2) Прошу вас довезти меня до вокзала, я очень спешу. 请把我送到火车站,我很着急。

3) Хотя погода была плохая, но водитель вовремя довёз пассажира до места. 尽管天气不好,但司机还是按时把乘客送到了地方。

4) Не беспокойтесь, машина довезёт вас до самого университета. 别担心,车会把您送到学校的。

5) Старая женщина не могла найти дорогу домой, и она попросила шофёра такси довезти до дома. 老妇人不能找到回家的路,于是她请出租车司机送她回家。

6) Каждый день отец довозит сына до школы на своей машине. 每天父亲都用自己的车送儿子去学校。

7) Надо довезти гостей до гостиницы, если успеете. 如果您来得及,应该把客人送到宾馆。

8) Друг довёз меня до общежития, и мы попрощались. 朋友送我到宿舍,我们道了别。

остана́вливаться, остана́вливаюсь, остана́вливаешься, остана́вливаются

останови́ться, остановлю́сь, остано́вишься, остано́вятся (*где, на чём*) 停,停留

1) Мои часы остановились, не знаю, который час. 我的表停了,不知道现在几点了。

2) Когда гость вошёл в комнату, его глаза остановились на картине. 当客人进到房间，他的目光停在了画上。

3) Машина остановилась перед домом, из неё вышло несколько человек. 汽车在房前停下来，从里面下来几个人。

4) Ну, давайте остановимся. Не провожай. До скорой встречи! 那么，就到这里吧，不用送啦。再见！

5) Коля вдруг остановился и посмотрел на часы. 科里亚突然停了下来，看了下表。

6) Помню, в прошлый раз мы остановились на шестой странице, правда? 我记得上次我们讲到了第六页，对吗？

7) Хотя мы уже добились успехов, не надо останавливаться на достигнутом. 尽管我们已经取得成绩了，但是不应该停留于此。

8) Сегодня утром автобусы почему-то не остановились на этой остановке, и я опоздал на работу. 今天早上不知为什么公共汽车在这站没停，结果我上班迟到了。

9) Машина проехала широкий мост и остановилась перед универмагом. 汽车驶过宽阔的桥，在商场前停了下来。

повора́чивать, повора́чиваю, повора́чиваешь, повора́чивают

поверну́ть, поверну́, повернёшь, поверну́т (*кого-что куда*) 转弯，拐向，转向

1) Здесь нельзя останавливаться. Повернём налево. 这里不允许停留。请向左转。

2) Машина повернула за угол и остановилась. 汽车转过拐角，停下了。

3) — Простите, как пройти к музею? “请问，怎么去博物馆？”

— Идите прямо, потом поверните направо. “直走，然后右转。”

4) Поверни ко мне, я твоё сердце послушаю. 请转向我，我来听听你的心脏。

5) Дети вышли за деревню и повернули в лес. 孩子们走到村子后面，拐进森林。

6) Учитель приказал ученикам поворачивать то назад, то налево, то направо. 老师命令学生们一会向后转，一会向左转，一会向右转。

7) Подул сильный ветер. Рыбак повернул лодку к берегу. 刮起了大风。渔夫把小船转向岸边。

8) Мама повернула дочь к двери, она сразу увидела папу. 妈妈让女儿转向门,她立刻看到了爸爸。

разреша́ть, разреша́ю, разреша́ешь, разреша́ют

разреши́ть, разрешу́, разреши́шь, разреша́т (*кому с инф.*) 准许,允许;(*что*) 解决

1) Мама разрешает детям гулять только вечером. 妈妈只允许孩子们晚上散步。

2) Больной почувствовал себя лучше, и врач разрешил ему встать с постели. 病人开始感觉好多了,于是医生允许他下床了。

3) — Разрешите войти? "可以进来吗?"

— Входите, пожалуйста. "请进。"

4) Разрешите мне воспользоваться вашим телефоном. 请允许我用一下您的电话。

5) В библиотеке обычно не разрешают курить и громко разговаривать. 在图书馆一般不允许吸烟和大声交谈。

6) Сначала нужно разрешить экономические проблемы. 首先需要解决经济问题。

7) Одни вопросы мы уже разрешили, а другие мы разрешаем. 我们已经解决了一些问题,而其它的问题正在解决。

8) Китайский народ считает, что разрешить споры с другими странами лучше мирным путём. 中国人民认为,最好用和平的方式解决同其他国家的争端。

☞ 课文 **Текст**

по́льзоваться, по́льзуюсь, по́льзуешься, по́льзуются

воспо́льзоваться (*чем*) 利用,使用

1) — Какими видами транспорта вы пользуетесь, когда едете на работу? "您上班时乘坐哪些交通工具?"

— Метро и автобусом. "地铁和公共汽车。"

2) Обычно директор института пользуется поездом, а сегодня решил поехать в Пекин на самолёте, видно, очень спешит. 院长通常坐火车,而今天决定坐飞机去北京,看来他很着急。

3) Моя бабушка хорошо видит. Она никогда не пользуется очками, когда читает газеты. 我祖母视力很好。她读报时从来不戴眼镜。

4) В наше время каждый человек должен уметь пользоваться компьютером. 在我们这个时代每个人都应该会使用电脑。

5) Расскажите, какими книгами и словарями вы пользуетесь, когда занимаетесь русским языком? 请讲一讲,您学俄语用什么样的书和字典?

6) Я редко пользуюсь такси, это очень дорого. 我很少坐出租车,它很贵。

7) Младшая сестра ела медленно — она ещё не привыкла пользоваться вилкой и ножом. 妹妹吃饭很慢:她还不习惯使用刀叉。

8) Эта комната холодная, мы пользуемся ей только летом. 这个房间很冷,我们只在夏天的时候使用它。

9) Жена научилась пользоваться газом, когда готовит обед. 妻子学会了使用煤气做饭。

спуска́ться, спуска́юсь, спуска́ешься, спуска́ются

спусти́ться, спущу́сь, спу́стишься, спу́стятся (*откуда*, *куда*) 下来,下降

1) Когда солнце спустилось, мы закончили работу. 太阳落山后,我们结束了工作。

2) В эти дни температура спускается вниз, значит, зима подходит. 这些天气温在下降,就是说冬天正在到来。

3) Каждый день в семь часов утра я выхожу из квартиры, спускаюсь по лестнице с пятого этажа. 每天早 7 点我从家出来,从五楼走楼梯下来。

4) В нашем учебном корпусе четыре лифта. Студенты поднимаются и спускаются на них. 在我们教学楼里有四部电梯。学生们乘电梯上上下下。

5) Боюсь на лифте спускаться: очень опасно. 我害怕乘电梯下行:很

危险。

6) Спускаться с горы легче, чем подниматься на гору. 下山比上山容易。

7) Когда муж и жена купили вещи в универмаге, они спустились на эскалаторе вниз. 当丈夫和妻子在商场买完东西后，就乘自动扶梯下来了。

8) Когда мальчик услышал, что мама зовёт его домой, он сразу спустился с дерева. 当男孩听到妈妈叫他回家，他立刻从树上下来。

подходи́ть, подхожу́, подхо́дишь, подхо́дят

подойти́, подойду́, подойдёшь, подойду́т; подошёл, подошла́, подошло́, подошли́ (*к кому-чему*) 走近,(时间等)临近

1) Дежурная подошла к окну и посмотрела в окно. 女值班员走到窗户旁，向窗外望了望。

2) Подойдите сюда, ребята. Я вам покажу фотографии. 孩子们，到这里来。我给你们看照片。

3) Подул сильный ветер. Лодка не могла подойти к берегу. 大风刮起来了。小船不能靠岸。

4) Сын подошёл к матери и подал ей горячий суп. 儿子走近母亲，把热汤递给她。

5) Подходит осень — наступает горячая пора в деревне. 秋天将至，农村大忙时节快到了。

6) Время подошло к ужину, а дети ещё играли в саду. 到了吃晚饭的时候了，而孩子们还在花园里玩耍。

7) Месяц подходит к концу, а мы ещё много работы не успели сделать. 快到月底了，而我们还有许多工作未来得及做完。

8) Когда футбольный матч подходил к концу, наша команда на два очка впереди. 当足球比赛快结束时，我们队领先两分。

входи́ть, вхожу́, вхо́дишь, вхо́дят

войти́, войду́, войдёшь, войду́т; вошёл, вошла́, вошло́, вошли́ (*куда*) 进入，走进；列入，加入

1) Пошёл дождь. Люди вошли в здание. 开始下雨了。人们进到了楼里。

2) Утром я вошла в автобус, нашла свободное место и села. 早上我上

了公共汽车，找到了空座，坐了下来。

3) Когда все студенты вошли в аудиторию, профессор начал объяснять урок. 当所有学生走进教室后，教授开始讲课。

4) Было уже шесть часов. Хозяйка вошла в кухню и стала готовить ужин. 已经六点了。女主人走进厨房开始做晚餐。

5) Интернет уже вошёл в жизнь человека и стал важной частью в жизни. 互联网已经进入人的生活并且成为生活中重要的一部分。

6) Двадцать лет назад папа вошёл в партию и стал членом партии. 二十年前爸爸入党了，成为了一名党员。

7) Вика учится старательно, сейчас она вошла в число отличных студентов. 维卡学习很努力，现在她进入了优秀学生的行列。

8) Когда Эмма и Инна поступили в вуз, они сразу вошли в спортивную секцию. 当埃玛和因纳上大学后，她们立刻进入了体育部。

води́ть, вожу́, во́дишь, во́дят (*что*) 驾驶；(*кого-что куда*) 引导，带领

1) — Кем вы работаете на заводе? "您在工厂是做什么的？"

— Шофёром, грузовик вожу. "司机，开货车的。"

2) У нас в стране немало женщин самолёт водят. 我们国家有不少女性开飞机。

3) Хотя у меня есть водительские права, но машину ещё плохо вожу. 尽管我有驾照，但是车开得还不好。

4) Дядя Ван - самый опытный водитель, он водит автобус уже лет тридцать. 王叔叔是最有经验的司机，他开汽车已经大约三十年了。

5) По вечерам родители водят своих детей в парк гулять. 每晚父母领自己的孩子们去公园散步。

6) Ребёнок тяжело заболел, и мама два раза в день водит его на уколы. 孩子病得很重，于是妈妈一天两次领他去打针。

7) Экскурсовод водил школьников по залам и рассказывал им об истории города. 导游领学生们参观各展厅，并给他们讲城市的历史。

8) Каждый день дедушка водит внука в детский сад. 每天爷爷都领孙子去幼儿园。

предпочита́ть, предпочита́ю, предпочита́ешь, предпочита́ют

предпочéсть, предпочтý, предпочтёшь, предпочтýт; предпочёл, препочлá, предпочлó, предпочлú (*кого-что кому-чему, с инф.*) 认为……比……更好,更喜欢

1) Из этих цветов я предпочитаю зелёный. 这些颜色中我更喜欢绿色。
2) Трудно решить, кого из этих двух специалистов предпочесть — оба они нам подходят. 很难决定这两个专家中哪一个更好:他们俩对我们都适合。
3) — Вы пиво любите? “您喜欢啤酒吗?”
   — Я предпочитаю вино пиву. “与啤酒相比我更喜欢葡萄酒。”
4) Мама - отличная домохозяйка, она предпочитает китайскую кухню европейской. 妈妈是出色的家庭主妇,与西餐相比她更喜欢中餐。
5) Когда в читальном зале мало людей, я предпочитаю там заниматься. 当阅览室里人很少时,我更喜欢在那里学习。
6) В дни праздника немало людей, как я, предпочитает сидеть дома, а не путешествовать. 节日期间有不少人跟我一样,更喜欢呆在家中,而不是旅游。
7) Мы предпочитаем ходить пешком, а не ездить на такси. 我们更喜欢步行,而不是打车。
8) В свободное время я предпочитаю гулять в парке, а не смотреть телевизор. 空闲时我更喜欢在公园散步,而不是看电视。

Урок 8

☞ 对话 Диалоги

зацветáть, зацветáю, зацветáешь, зацветáют

зацвестú, зацветý, зацветёшь, зацветýт; зацвёл, зацвелá, зацвелó, зацвелú 开始开花

1) В начале этого года мы посадили лилию. Сейчас она уже зацвела. 今年年初我们种下了百合花。现在它已经开花了。
2) Когда эти цветы зацветут, я вернусь. 当这些花开花的时候,我就回来。
3) Я хочу смотреть, как зацветают эти цветы. 我想看看这些花是如何

开放的。

4) Весной, когда эти цветы зацветают, становится тепло. 春天,当这些花开始开放时,天气就转暖。

5) Сирень — цветок Харбина. В мае здесь везде зацветают сирени. 丁香是哈尔滨的市花。五月这里到处开满丁香花。

6) Знаете ли вы, когда зацветают груша и яблоня? 您知道梨树和苹果树什么时候开花吗?

7) У нас на родине в конце апреля зацветают цветы, а на юге — в конце марта. 我们家乡四月末花开,而在南方则是三月末。

☞ 课文 Текст

ассоции́роваться, ассоции́руюсь, ассоции́руешься, ассоции́руются (*с чем*) 与……联想起来

1) Как и у всех китайцев, Харбин у меня ассоциируется со снегом и льдом. 和所有中国人一样,一提到哈尔滨, 我就联想起冰雪。

2) Роза у людей ассоциируется с любовью, а голубь - с миром. 人们将玫瑰花和爱情联想起来,而将鸽子与和平联想在一起。

3) У иностранцев Китай ассоциируется с Великой китайской стеной. 外国人将中国与长城联想到一起。

4) Как и у всех русских, с Москвой у меня ассоциируется Кремль и Красная площадь. 与所有俄罗斯人一样,我将莫斯科与克里姆林宫和红场联想在一起。

5) Когда говорят о Пекине, то он ассоциируется с площадью Тяньаньмэнь и музеем Гугун. 当人们谈到北京时,会将其与天安门广场和故宫博物院联想在一起。

6) Когда говорим о русском языке и русской литературе, то с ними ассоциируется Пушкин. 当我们说到俄语和俄罗斯文学时,就会将普希金与其联想起来。

7) Мы решили узнать, с чем у американцев ассоциируются те или иные страны Европы. 我们决定了解一下, 美国人将某些欧洲国家与什么联想在一起。

8) Каждая страна ассоциируется с чем-то определённым, например, Россия - с медведем, матрёшкой, сибирскими морозами. 每个国家都会和某些特定的东西联想在一起,例如,一提到俄罗斯,人们就联想起熊、套娃和西伯利亚严寒。

представлéние (*о ком-чём*) 认识,概念,观念

верное представление об этом писателе 对这个作家的正确认识, ~о науке и технике 科学与技术观

1) После посещения выставки мы получили ясное представление об этом художнике. 参观了展览会后我们对这个画家有了清楚的认识。
2) Какое у вас представление о студенческой жизни? 您对大学生活有什么认识?
3) Мы имеем самое общее представление о русской литературе. 我们对俄罗斯文学有着共同的认识。
4) Он специалист по китайской медицине. По-моему, он должен иметь определённое представление о роли и месте китайской медицины в мировой медицине. 他是中医方面的专家。我认为,他应该对中医在世界医学中的作用和地位有一定的认识。
5) Эта книга даёт нам полное представление о природе этого района. 这本书使我们能够全面认识这一地区的自然情况。
6) Когда мы кончили смотреть балет «Лебединое озеро», мы получили полное представление о музыке Чайковского. 当我们看完芭蕾舞《天鹅湖》后,我们对柴可夫斯基的音乐有了全面的认识。
7) Он не имел никакого представления о грамматике русского языка. 他对俄语语法没有任何概念。
8) Отец — глава семьи. Это наше традиционное представление о семье. 父亲是一家之主。这是我们的传统家庭观念。

срáвнивать, срáвниваю, срáвниваешь, срáвнивают

сравни́ть, сравню́, сравни́шь, сравня́т (*кого-что с кем-чем*) 比较,对比;比作

1) Разве можно сравнить зиму в Пекине с сибирскими морозами? 难道可以将北京的冬天与西伯利亚的严寒天气相比较吗?

2) Если сравнивать с английским языком, то русский язык труднее. 如果和英语相比,那么俄语更难。

3) Если сравнивать с большинством городов Китая, зимой в Харбине холоднее. 如果和中国大多数城市相比的话,哈尔滨的冬天更冷。

4) Если сравнивать яблоко с бананом, я предпочитаю яблоко. 如果把苹果和香蕉相比较的话,我更喜欢苹果。

5) По-моему, самое хорошее время года — это весна. С весной ничего не сравнишь. 我认为最好的季节是春天。没有哪个季节可以和春天相比。

6) Мы часто сравниваем Родину с матерью. 我们经常将祖国比作母亲。

7) В России сравнивают смелых и сильных людей с орлом. 在俄罗斯人们将勇敢和坚强的人比作鹰。

8) В русской поэзии с берёзой часто сравнивают молодую стройную девушку. 俄罗斯诗歌中经常将年轻又苗条的姑娘比作白桦树。

достига́ть, достига́ю, достига́ешь, достига́ют

дости́гнуть, дости́гну, дости́гнешь, дости́гнут; дости́г, дости́гла, дости́гло, дости́гли (*чего*) 达到,获得,取得

1) В этом году этот юноша достиг восемнадцати лет. 今年这个青年年满 18 岁了。

2) На моей родине летом средняя температура достигает двадцати восьми градусов тепла. 在我家乡夏天的平均气温达到零上 28 度。

3) В прошлом году зимой в Харбине морозы достигли минус тридцати градусов. 去年冬天哈尔滨达到零下 30 度的严寒。

4) Дерево достигло человеческого роста. 树长到一人那么高了。

5) За четыре года наши студенты достигли больших успехов и успешно окончили университет. 四年里我们的大学生取得了巨大的成绩并且顺利毕业。

6) Нам надо достигнуть нашей цели, и мы обязательно достигнем её. 我们应该达到自己的目标,并且我们一定会达到。

7) Во второй мировой войне китайский народ достиг большой победы и стал хозяином страны. 二战中中国人民取得了巨大胜利并且成为

了国家的主人。

8) Во время переговоров обе стороны достигли полного единства по всем вопросам. 谈判中双方就所有的问题达成了完全一致的看法。

напомина́ть, напомина́ю, напомина́ешь, напомина́ют

напо́мнить, напо́мню, напо́мнишь, напо́мнят (*кому кого-что*, *о ком-чём*) 提醒,使想起;(*кого-что кому*) 使……觉得像……

1) Эти фотографии напомнили мне детство моих детей. 这些照片使我回想起我孩子的童年。

2) Преподаватель забыл напомнить студентам о завтрашнем экзамене. 老师忘了提醒学生们明天考试的事。

3) Алла, напомни Пете о том, что завтра у нас будет фильм на английском языке. 阿拉,提醒彼佳明天我们有英语电影。

4) Ваша статья напомнила мне одну историю, катоая произошла несколько лет назад. 您的文章使我想起几年前发生的一个故事。

5) С первых же слов он напоминал ей известного артиста. 他刚开始说话她就觉得他像一位著名的演员。

6) Незнакомый человек напоминает мне моего старого друга. 我觉得陌生人像我的一个老朋友。

7) Новая библиотека напоминает большой музей. 新图书馆像一个大博物馆。

8) Этот молодой художник хорошо рисует. Его картины напоминают фотографии. 这位年轻的画家画得很好。他的画跟照片似的。

посвяща́ть, посвяща́ю, посвяща́ешь, посвяща́ют

посвяти́ть, посвящу́, посвяти́шь, посвятя́т (*что кому-чему*) 献给,贡献;把……用于……

1) Ломоносов любит науку, и он посвятил всю свою жизнь науке. 罗蒙诺索夫热爱科学,并且他将自己整个一生都献给了科学。

2) Многие известные художники посвящают свои лучшие работы природе, потому что они любят её. 很多著名的画家将自己最好的作品献给了大自然,因为他们热爱它。

3) Этот учёный посвятил все свои силы математике и стал знамени-

тым математиком. 这个学者将自己所有的精力都用在数学上，并且成为了著名的数学家。

4) Наши отцы посвятили всего себя делу революции. 我们的父辈将自己的一切都献给了革命事业。

5) Занятию музыкой этот будущий музыкант посвящает всё свободное время. 这个未来的音乐家把所有的业余时间都用来从事音乐。

6) Оля часто болеет. По совету врача она посвятила большинство времени спорту. 奥莉娅经常生病。遵照医嘱她将大部分时间都用在了体育运动上。

7) Писатель посвятил свою статью экономическим вопросам. 作家的文章写的是经济问题。

8) Следующие два дня собрание посвятило обсуждению учебного плана. 接下来的两天会议讨论了教学计划。

свя́зан, свя́зана, свя́зано, свя́заны (*с кем-чем*) 与……相关，与……相联系

1) Это дело связано с ним, спроси его. 这件事和他有关，去问他吧。

2) Язык тесно связан с культурой. Надо знать не только русский язык, но и русскую культуру. 语言同文化紧密相联。不仅应该通晓俄语，还应该了解俄罗斯文化。

3) Мы знаем, что спорт связан со здоровьем, поэтому каждый человек должен постоянно заниматься спортом. 我们知道运动与健康有关，因此每个人都应该经常运动。

4) Искусство связано с жизнью. Без искусства трудно представить нашу жизнь. 艺术同生活相联。没有艺术很难想象我们的生活是什么样子。

5) Курение связано с болезнью. Надо бросить курить. 吸烟与疾病有关。应该戒烟。

6) В Китае с зимой связаны самые любимые праздники — Новый год и праздник Весны. 在中国，人们最喜爱的节日——新年和春节都与冬天有关。

7) Наша судьба тесно связана с судьбой страны. 我们的命运与国家的

命运密切相关。

8) История Харбинского политехнического университета тесно связана с Россией и русским языком. 哈尔滨工业大学的历史与俄罗斯和俄语密切相联。

при́нято (*кому с инф.*) 通常

1) В Японии замужней женщине принято не работать, а заниматься хозяйством дома. 在日本已婚妇女通常不工作,而是在家从事家务。
2) У нас по субботам и воскресеньям принято не работать, а отдыхать. 我们每逢周六和周日通常不工作,而是休息。
3) У нас в Китае принято проводить праздник Весны дома, с родителями. 在中国我们通常在家同父母一起过春节。
4) Восьмого марта мужчинам принято дарить женщинам живые цветы. 三八节时男士通常送女士鲜花。
5) У нас в университете принято принимать студентов-иностранцев из разных стран мира: из России, из Америки, из Англии... 我们大学通常招收来自世界各国的留学生:来自俄罗斯的,美国的,英国的等等。
6) Как это принято говорить, бабье лето — это тёплые ясные осенние дни. 正如通常说的,小阳春是温暖、晴朗的秋日。
7) Как это принято говорить, настольный теннис — это самый популярный вид спорта в Китае. 正如通常所说的,乒乓球是中国最普及的体育项目。
8) В России принято подать суп на первое. 在俄罗斯通常第一道菜上汤。
9) Когда тебе сказали «Спасибо», принято отвечать «Не за что». 当有人对你说"谢谢"时,通常回答"不客气"。

пуга́ть, пуга́ю, пуга́ешь, пуга́ют

испуга́ть (*кого-что*) 恐吓,吓唬,使……害怕

1) Как вы меня испугали! 瞧你们把我给吓的!
2) Я не хотел испугать тебя. Это ты сам испугал себя. 我没想吓你。是你自己把自己吓到了。
3) Не пугай меня, я тебя не боюсь. 别吓唬我,我不怕你。

4) Ребёнок заплакал и испугал птиц. 孩子哭起来，把鸟惊到了。
5) Теперь эти животные уже не пугают детей. Дети уже считают их своими друзьями. 现在这些动物已经不会使小孩害怕了。孩子们已经把它们当成朋友了。
6) Болезнь сына очень пугала мать. Вчера почти всю ночь она не спала. 儿子的病使母亲很害怕。昨天几乎一整夜她都没睡。
7) В детстве меня очень пугал гром. 童年的时候我很怕打雷。
8) Нас не будут пугать трудности в дороге. 我们不会害怕路上出现的困难。

Урок 9

☞ 对话 Диалоги

купа́ться, купа́юсь, купа́ешься, купа́ются

вы́купаться 洗澡；游泳

1) Мама не разрешает мальчику купаться в речке. 妈妈不允许男孩在小河里洗澡。
2) Купайся только у самого берега, а не на глубоком месте. 你只能在岸边洗澡，不能在深处。
3) По совету врача тебе пока нельзя купаться и плавать в воде. 遵医嘱你暂时还不能在水里洗澡和游泳。
4) Я не умею плавать, и не могу купаться в реке. 我不会游泳，所以不能在河里洗澡。
5) Летом мы купаемся в море, а зимой — в бассейне. 夏天我们在海里游泳，冬天在游泳池里游。
6) Врач посоветовал больному купаться в море каждый день после обеда. 医生建议病人每天午饭后都要进行海浴。
7) В этом году мы начали купаться в реке уже в мае. 今年我们开始在河里游泳已经是五月份了。

лови́ть, ловлю́, ло́вишь, ло́вят

пойма́ть, пойма́ю, пойма́ешь, пойма́ют (*кого-что*) 捕捉，钓

1) Кошка ловит мышей. 猫捉老鼠。

2) Я буду убегать, а вы ловите меня. 我跑,而你们来抓我。

3) Я не умею ловить рыбу, вы можете меня учить? 我不会钓鱼,您能教我吗?

4) Благодарю вас за то, что вы научили моего брата ловить рыбу. 谢谢您教会我弟弟钓鱼。

5) По выходным дням дядя Шурик ходит к реке ловить рыбу. 每逢休息日舒里克叔叔都去河边钓鱼。

6) Не надо ловить птиц. Они хорошие друзья человечества. 不要捕鸟。它们是人类的好朋友。

7) Здесь не разрешают ловить зверей. Это очень опасно! 这里禁止捕捉野兽。这非常危险!

8) Слово не воробей, вылетит — не поймаешь. 一言既出,驷马难追。

загора́ть, загора́ю, загора́ешь, загора́ют

загоре́ть, загорю́, загори́шь, загоря́т 晒黑,晒太阳

1) Соня северянка, она не любит южную жару, ведь она быстро загорает на солнце. 索尼娅是北方人,她不喜欢南方的炎热,要知道在阳光下她很快被晒黑。

2) Это лето студенты провели на море, и очень загорели. 这个夏天大学生们是在海边度过的,晒得很黑。

3) Мне легко загорать на солнце, и поэтому в солнечные дни я редко выхожу из дома. 在阳光下我很容易被晒黑,所以在阳光充足的日子我很少出门。

4) Во время каникул я ездил на остров Хайнань, и очень сильно загорел. 假期我去了海南岛,晒得很黑。

5) В доме отдыха каждый день мы гуляли, загорали, катались на лодке, было очень весело. 在休养所我们每天都散步、晒太阳、划船,非常快乐。

6) Уезжает Маша в санаторий лечить сердечную болезнь, плавать, загорать. 玛莎要去疗养院治疗心脏病、游泳和晒太阳。

7) Сразу видно, у Люды загорело лицо. 立刻看得出,柳达的脸晒黑了。

ла́зить, ла́жу, ла́зишь, ла́зят (*куда*) 爬,攀登

1) Ребёнок ещё не умел ходить, он лазил по полу. 孩子还不会走路,他在地板上爬来爬去。
2) Тётя не умеет лазить по деревьям. 阿姨不会爬树。
3) Я очень люблю путешествовать, часто с друзьями лазим по горам. 我很喜欢旅游,经常和朋友们去爬山。
4) Рабочие часто лазят под вагонами, чтобы проверять поезд. 为了检查火车, 工人们常常在车厢底下爬来爬去。
5) Обычно в девять часов туристы начинают лазить на горы. 通常九点钟游客们开始爬山。
6) Родители обычно не разрешают своим маленьким детям лазить на крышу. 父母通常不允许自己的小孩爬到房顶上。

любова́ться, любу́юсь, любу́ешься, любу́ются (*кем-чем*) 观赏,欣赏

1) В октябре мы были в парке Сяншань, там любовались осенним видом. 十月我们去了香山公园,在那里欣赏了秋天的景色。
2) С детства мой младший брат Витя мечтал подняться на гору Тайшань и любоваться восходом солнца. 从小我弟弟维佳梦想登上泰山赏日出。
3) Полюбуйтесь северным снегом! Какой красивый пейзаж! 请欣赏一下北方的雪! 多么美丽的景色啊!
4) Каждый день после ужина папа стоит у окна и любуется цветами и рыбой. 每天晚饭后爸爸都站在窗旁观赏花和鱼。
5) Наконец иностранные туристы поднялись на гору и стали любоваться чудесным пейзажем. 外国游客终于登上山,开始欣赏美妙的景色。
6) Болельщики смотрели соревнования и любовались свободными, прекрасными движениями гимнастов. 狂热的观众们边观看比赛边欣赏着体操运动员轻盈自如的优美动作。
7) Мама тихо сидит у кровати и любуется своей картиной, которая висит на стене. 妈妈安静地坐在床旁,欣赏着自己挂在墙上的画。

план 计划

1) Скоро будет Первое мая. Какие у вас планы на этот праздник? 五

一很快要到了。你们这个节日有什么计划？

2) — Саша, какой у тебя план на завтра? “萨沙，你明天有什么计划？”

— У меня ещё никакого плана нет. “我还没有什么计划。”

3) У Коли прекрасный план на зимние каникулы — поехать на север кататься на коньках и на лыжах. 科利亚有个非常好的寒假计划：去北方滑冰和滑雪。

4) Студенты четвёртого курса кончают университет. У них уже есть ясные планы на будущее. 四年级大学生快要大学毕业了。他们对未来已经有了明确的规划。

5) Каждый день, когда вы начинаете заниматься, надо сначала составлять план учёбы. 每天，当你们开始学习时，首先应该制定学习计划。

6) Для каждого из нас важно не только составить план, но и хорошо выполнить его. 对于我们每个人来说，重要的是不仅仅制定计划，还要好好完成它。

7) Алёша отличный студент, он всё делает по плану, и всё успевает сделать. 阿廖沙是个优秀的学生，他所有事都按计划做，并且能来得及做完所有事情。

8) Паша, расскажи нам о своих учебных планах. 帕沙，请给我们讲讲你自己的教学计划。

скуча́ть, скуча́ю, скуча́ешь, скуча́ют (*о ком-чём, по кому-чему*) 寂寞，无聊；思念

1) Женатые не скучают: у них много дел. 结了婚的人不会感到寂寞，他们有很多事情要做。

2) Скоро надо ехать домой, опять все зимние каникулы буду скучать. 很快应该回家了，整个寒假我又会很寂寞。

3) Без работы человеку легко скучать. 人无事可做很容易寂寞。

4) Мне надо сразу вернуться к бабушке в деревню, ведь в эти дни она очень скучает обо мне. 我应该立刻回乡下的外婆家，要知道这些天她很想念我。

5) Вы давно не видели своих родителей, видно, что вы очень скучае-

те о них. 您很久都没有看到自己的父母了,看得出您很想念他们。

6) На третьем курсе мы поедем в Москву учиться, там мы будем очень скучать по дому и Родине. 三年级的时候我们要去莫斯科学习,在那里我们会很想家和思念祖国。

7) Когда ты скучаешь о родных, ты можешь звонить или писать им. 当你思念亲人时,你可以给他们打电话或者写信。

8) Мы с Ниной уже пять лет не виделись, мы очень скучаем друг о друге. 我和尼娜已经5年没见了,我们很想念对方。

подыша́ть, подышу́, поды́шишь, поды́шат (*чем*) 呼吸一下,呼吸一会儿

1) Ты всё время сидишь дома. Надо выйти подышать свежим воздухом. 你一直在家呆着。应该出去呼吸一下新鲜空气。

2) Очень полезно подышать свежим воздухом утром в парке. 早上去公园呼吸一下新鲜空气很有益。

3) «Подышите, подышите, ну хорошо», — сказал врач. "吸一下气,吸一下气,很好。"医生说。

4) Утром я вышла на улицу, легко подышала свежим воздухом. 早上我走到街上,轻轻呼吸了一下新鲜空气。

5) Советую вам отдыхать на природе. Подышишь свежим воздухом, покупаешься, загоришь. 我建议您去野外休息。呼吸一下新鲜空气,游游泳,晒晒太阳。

6) Больной подышал кислородом и почувствовал себя лучше. 病人吸了氧气,觉得自己好多了。

☞ 课文 Текст

упрека́ть, упрека́ю, упрека́ешь, упрека́ют

упрекну́ть, упрекну́, упрекнёшь, упрекну́т (*кого-что в чём*, *за что*) 责备,指责,责怪

1) Не упрекай меня, ведь я тоже не хочу так делать. 别怪我,要知道我也不想这么做。

2) Совесть её упрекает, ей очень тяжело на душе. 她受到了良心的谴

责，她心里很难过。

3) Директор школы упрекнул нашего учителя в несправедливости. 校长指责我们老师不公正。

4) Мать упрекнула сына в том, что он часто мешает ей работать. 妈妈责怪儿子经常打扰她工作。

5) Все упрекали этого мужчину в том, что он бросил товарища в беде. 所有人都指责这个男人在危难之时抛下自己的同事。

6) Ни в чём не могу других упрекнуть. 无论什么事我都不能指责别人。

7) Учитель упрекнул мальчика, что он не вовремя пришёл в школу. 教师责怪男孩没有按时到校。

8) Сын не сдал экзамен, и мать упрекнула его за плохую учёбу. 儿子没有通过考试，于是妈妈责备他不好好学习。

хоте́ться, хо́чется; хотелось (*кому чего, с инф.*) 想，想要

1) Ире давно хочется на море. Представляешь, там солнце, пляж, ветер. Как приятно! 伊拉早就想去海边。想象一下，那里有太阳、浴场、海风。多么惬意啊！

2) Чего тебе хочется? Мяса или рыбы? 你想要点儿什么？肉还是鱼？

3) Мама, мне хочется пить сока. 妈妈，我想喝果汁。

4) Нине хотелось яблока, а сейчас ей хочется банана. 尼娜刚才想吃苹果，现在想吃香蕉。

5) Вчера весь день мне было плохо, ничего не ел. Только вечером мне хотелось есть. 昨天一整天我都不舒服，什么都没吃。只是晚上的时候想吃东西。

6) Вчера ночью Андрей плохо спал, и сейчас ему очень хочется спать. 昨天夜里安德烈没睡好，于是现在他很想睡觉。

7) Какая интересная книга! Нам прямо хочется сразу её прочитать. 多么有意思的书啊！我们简直想立刻读完它。

8) Ребята собрались в парке. Когда они увидели маленькую реку, им очень хочется покататься на лодке. 同学们聚集在公园。当看见小河时，他们很想划划船。

зави́сеть, зави́шу, зави́сишь, зави́сят (*от кого-чего*) 依靠，取决于

1) Успех дела зависит от нас самих. 事情的成功与否取决于我们自己。
2) Урожай зависит от погоды. 收成的好坏取决于天气。
3) Успеваемость группы зависит не только от самих студентов, но и от преподавателей. 班级成绩的好坏不仅仅取决于学生自己,而且还取决于老师。
4) Поступать в университет или нет — это совсем зависит от тебя, от твоего желания. 是否报考大学,这完全取决于你,取决于你的意愿。
5) Здоровье человека во многом зависит от того, как он занимается спортом. 人的健康状况在许多方面取决于他是如何从事体育运动的。
6) Ты уже стал студентом, тебе не надо зависеть от своих родителей. 你已经成为大学生了,你不应该依赖自己的父母了。
7) Япония во многом зависит от западных стран. 日本在很多方面依靠西方国家。
8) Я не ребёнок, не завишу ни от кого. 我不是小孩子了,不依靠任何人。

располага́ть, располага́ю, располага́ешь, располага́ют (*кем-чем*) 拥有
1) Наш факультет располагает семью комнатами. 我们系有7个房间。
2) Городская библиотека располагает десятью тысячами книг на иностранных языках. 市图书馆拥有一万本外文书。
3) Пекинский университет располагает многими опытными профессорами и молодыми специалистами. 北京大学有许多有经验的教授和年轻的专家。
4) На эти вопросы нам трудно ответить: не располагаем нужными знаниями. 对于这些问题我们很难回答出来,因为不具备所需的知识。
5) Наш университет располагает двумя большими учебными корпусами. 我们学校有两个大的教学楼。
6) На вопрос, каким свободным временем мы располагаем, одной фразой не ответишь. 对于我们有哪些休闲时间的问题用一句话是回答不了的。
7) Не беспокойтесь, вы всегда можете располагать помощью со стороны школы. 别担心,你们一直可以获得学校方面的帮助。

8) Сейчас он не располагает ни одним рублём. Он потратил все деньги на эти машины. 现在他连一卢布都没有。他把所有钱都花在这些汽车上了。

разгуля́ться, разгуля́юсь, разгуля́ешься, разгуля́ются 散心;玩得不肯睡觉,睡意消失

1) Разгуляйся за городом, там чистый воздух, прекрасная природа. 去郊外散散心,那里有纯净的空气,美丽的大自然。
2) Если ты скучаешь по дому, то давайте разгуляемся в парке. 如果你想家的话,那让我们一起去公园散散心吧。
3) Ребёнок разгулялся, мама не знала, что делать. 孩子玩得不肯睡觉,妈妈不知道该怎么办。
4) В выходные дни можно хорошо отдыхать, но только не разгуляешься, тебя ждёт завтрашняя работа. 休息日可以好好休息,但只是别玩得不肯睡觉,明天的工作还在等着你呢。
5) После чая я как будто немного разгулялся. 喝过茶后我好像睡意稍减。
6) Анне хотелось спать, но когда вспомнила, что завтра будет экзамен по химии, она сразу разгулялась, и решила не ложиться спать. 安娜想睡觉,但是一想到明天还有化学考试,她立刻睡意消失,决定先不躺下睡觉了。

объезжа́ть, объезжа́ю, объезжа́ешь, объезжа́ют

объе́здить, объе́зжу, объе́здишь, объе́здят (*кого-что*) (乘车等)访遍,走访,走遍

1) С детства я мечтала объездить всю страну и полюбоваться чудесным пейзажем. 从小我就幻想走遍整个国家并欣赏美妙的景色。
2) Люба объездила все магазины, наконец купила довольную одежду. 柳芭走遍所有商店,终于买到了满意的衣服。
3) Мама объездила всех знакомых, чтобы найти своего сына. 妈妈为了找到自己的儿子,走遍了所有认识的人。
4) У нас в Китае море интересных мест — за год не объездишь. 我们中国有许许多多有意思的地方,一年也走不完。
5) Я приехал в маленький город, кажется, за весь день успею объез-

дить его. 我来到了一座小城，看起来一整天就可以把它走完。

6）Таня любит путешествовать. До сих пор она уже объездила всю Европу. 塔尼娅喜欢旅游。至今她已经走遍了整个欧洲。

7）Анна объездила все улицы, чтобы познакомиться с этим незнакомым городом. 为了了解这座陌生的城市，安娜走遍了所有街道。

8）Учитель объездил всех своих учеников и хорошо узнал о них и их семьях. 老师走访了自己所有学生，并且很好地了解了他们和他们家庭的情况。

организо́вывать, организо́вываю, организо́вываешь, организо́вывают

организова́ть, организу́ю, организу́ешь, организу́ют（*что*）安排；组织，建立；筹备，举办

1）И труд, и отдых надо правильно организовать. 无论是工作还是休息都应该合理地安排。

2）Каждому нужно хорошо организовать своё рабочее время и свободное время. 每个人都需要好好安排自己的工作时间和业余时间。

3）По-моему, вы не умеете правильно организовать свою студенческую жизнь. 我认为您不会正确地安排自己的大学生活。

4）Надо помочь детям организовать спортивный клуб в их школах. 应该帮助孩子们在他们学校组建体育俱乐部。

5）Среди студентов много любителей футбола, поэтому институт решил организовать футбольную команду. 大学生中有很多足球爱好者，因此学院决定成立足球队。

6）В прошлом году новогодний вечер на английском языке организовал третий курс факультета английского языка. 去年的英语新年晚会是由英语系三年级组织的。

7）Говорят, что в нашем спортзале организуют выставку молодых художников. Давайте поедем и посмотрим. 听说在我们体育馆要举办青年画展。我们去看看吧。

8）Четыре года назад в Пекине удачно организовали Олимпиаду-2008. 四年前北京成功举办了2008年奥林匹克运动会。

пыта́ться, пыта́юсь, пыта́ешься, пыта́ются

попыта́ться（*с инф.*）试图，企图，打算

1）Мы пытались достать билеты на балет, но не смогли. 我们试图弄到芭蕾舞票，但是没能办到。

2）Больной пытался встать, но было очень трудно. 病人试图站起来，但是很困难。

3）В этом городе они пытались найти нас, но, к сожалению, не нашли. 他们试图在这个城市找到我们，但遗憾的是，没有找到。

4）Врач пытался делать больному операцию, но было уже поздно. 医生试图给病人做手术，但是已经晚了。

5）Дядя пытался вернуться вовремя, но опоздал на поезд. 叔叔本打算按时回来，但是未赶上火车。

6）Старая женщина пыталась спасти жизнь девочке, но не смогла. 老妇人想要救小女孩的命，但是没成功。

7）Инженер пытался вспомнить эту историю, но никак не мог вспомнить. 工程师试图回想起这个故事，但是怎么也想不起来。

8）Коля пытался выиграть у своей подруги хотя бы одну партию, но он всё ещё не добился своего. 科利亚想赢自己女朋友，哪怕只有一局，但是仍没达到目的。

представля́ть, представля́ю, представля́ешь, представля́ют

предста́вить, предста́влю, предста́вишь, предста́вят（*кого-что*）提交，交验；（*кого кому*）向……介绍……；（*что*）想象，设想

1）Представьте ваши документы: паспорт, студенческий билет и другие. 请出示您的证件：护照、学生证和其它证件。

2）Когда вы начнёте новую работу, сначала нужно представить план работы. 当你们开始新工作时，首先需提交工作计划。

3）Разрешите мне представить вам нашего нового сотрудника. 请允许我向您介绍我们的新同事。

4）Прошу представить мне твоего друга. Я очень хочу познакомиться с ним. 请把你的朋友介绍给我。我很想和他认识。

5）Менеджер пригласил иностранных гостей к себе в гости и представил им свою жену и своего сына. 经理邀请外国客人来家作客，并把

自己的妻子和儿子介绍给他们。

6) Трудно себе даже представить, как быстро летит время. 甚至很难想象,时间过得多么快。

7) Без Интернета прямо нельзя представить нашу современную жизнь. 没有因特网简直不能想象我们的现代生活。

8) Советую вам хорошо представить своё будущее. 我建议您好好设想一下自己的未来。

9) Для современной молодёжи невозможно представить себе жизнь без театра, кино, музыки. 对现代青年来说无法想象没有戏剧、电影和音乐的生活。

выта́скивать, выта́скиваю, выта́скиваешь, выта́скивают

вы́тащить, вы́тащу, вы́тащишь, вы́тащат (*кого-что откуда, куда*) 取出,拖出

1) Женя вытащил из-под кровати маленький чемодан и открыл его. 叶尼亚从床下取出小箱子并打开了它。

2) Подул сильный ветер. И отец приказал сыновьям вытащить лодку на берег. 刮起了大风。于是父亲命令儿子们把小船拖上岸。

3) Когда мальчик упал в воду, молодой человек не успел раздеться и вытащил его из воды на берег. 男孩落水后,年轻人没来得及脱掉衣服就把他从水中拖到岸上。

4) Саша всё время мешал учителю объяснять урок, и учитель вытащил его из класса. 萨沙一直干扰老师讲课,于是老师把他拽出了教室。

5) Недавно мы получили новую квартиру. В прошлое воскресенье мы вытащили старую мебель из старой квартиры. 不久前我们得到了新住房。上个周日我们从旧房子里搬出了旧家具。

6) У меня сильно болит зуб, и мне пришлось прийти в больницу. Зубной врач сказал, что нужно вытащить его. 我的牙非常疼,我不得已来到了医院。牙医告诉我需要拔掉。

7) Я благодарю вас за то, что вы вытащили меня из беды. 感谢您救我于不幸。

8) Пословица «Без труда не вытащишь и рыбки из пруда» означает,

что «Не трудиться — хлеба не добиться». 谚语“不劳动连小鱼都不能从池塘里捞出”的意思是“不劳动者不得食”。

сходи́ть, схожу́, схо́дишь, схо́дят (*куда*) 去一趟

1) Завтра будет день рождения Иры. Давайте сходим в универмаг и купим ей что-нибудь. 明天是伊拉的生日。让我们去一趟百货商店给她买点什么。

2) Перед вечерним чаем Юра сходил на реку, выкупался. 晚上吃茶点前尤拉去了趟河边洗了个澡。

3) Сходи к Ивану Петровичу в кабинет. Он просит помощи. 你去一趟伊万·彼得洛维奇的办公室。他请求帮忙。

4) Мне надо сходить в аптеку за лекарством, а сестре — на почту за письмом. 我应该去趟药店买药,而妹妹则要去趟邮局取信。

5) Не забудь сходить в детский сад за дочерью после работы. 可别忘了下班后去趟幼儿园接女儿。

6) По-моему, тебе лучше сходить в поликлинику и записать мать на приём к врачу. 依我看,你最好去趟门诊部给妈妈挂个号。

речь идёт (*о ком-чём*) 说的是,讲的是

1) Вы знаете, о чём идёт речь в этом рассказе? 您知道这篇故事讲的是什么吗?

2) В этой статье речь идёт о городском транспорте. 这篇文章讲的是城市交通。

3) В этом тексте речь идёт об учёбе и о жизни современных китайских студентов. 这篇课文讲的是当代中国大学生的学习与生活。

4) Речь идёт о том, чтобы найти этого человека. 问题是要找到这个人。

5) По-моему, речь идёт о том, чтобы выбрать довольную специальность. 依我看,问题是要选择满意的专业。

6) Здесь речь идёт о том, как проводить свободное время. 这里讲的是如何度过空闲时间。

7) В этом романе речь идёт о том, что такое счастье. 这篇小说讲的是什么是幸福。

8) Хочу вам напомнить, о чём шла речь на прошлом собрании. 我想

提醒你们上次会议的内容。

9) Если речь идёт о празднике Весны, то мы можем отдыхать неделю. 如果说到春节,那我们可以休息一周。

ма́сса(*кого-чего*) 许多,大量

1) Санкт-Петербург называется городом-музеем. Здесь масса музеев — за один день не объездишь. 圣彼得堡被称作博物馆之城。这里有许许多多的博物馆,一天都走不完。
2) В твоей работе масса ошибок. Разве можно так заниматься? 你作业里有一大堆错误,难道可以这样学习吗?
3) У этого мужчины масса денег, которые он сам заработал. 这个男人非常有钱,都是他自己挣的。
4) У современных студентов масса свободного времени. Надо подумать, как проводить его. 现代大学生有大量空闲时间。应该想想怎么度过。
5) После урока ученики задали учителю массу трудных вопросов, а он хорошо ответил на них. 课后学生们向老师提出了很多难的问题,老师很好地回答了这些问题。
6) Летом в наш город приехала масса туристов из разных стран мира. 夏天大批来自世界不同国家的游客来到了我们城市。
7) В автобусе масса пассажиров — прямо нельзя найти свободное место. 公共汽车上的乘客非常多,简直无法找到空位。
8) В нашей библиотеке масса интересных книг — за неделю не прочитаешь. 我们图书馆有很多有意思的书,你一周都读不完。

Урок 10

☞ 对话 Диалоги

запи́сывать, запи́сываю, запи́сываешь, запи́сывают

записа́ть, запишу́, запи́шешь, запи́шут (*кого-что куда*) 记录下来;给……挂号;注册,给……报名参加

1) Запишите домашнее задание на сегодня. 请记下今天的家庭作业。

2) На занятиях записывать то, что объясняет преподаватель, не очень трудно. 课上记录老师讲解的内容不是件很困难的事。

3) Я люблю слушать лекции профессора Лю. На его лекции я записываю всё, что он говорит. 我喜欢听刘教授的课。在他的课上我记录他所说的一切。

4) Запишите меня на завтрашний приём к доктору Иванову. 请给我挂伊万诺夫医生明天的号。

5) Я вас запишу к доктору Чжану. Он принимает во втором кабинете. 我给您挂张大夫的号。他在二诊室出诊。

6) В этом году моему сыну исполнилось шесть лет, и я записала его в школу. 我儿子今年满 6 岁了，于是我给他报名上学了。

7) У Люси появилось желание учиться плаванию, и мама записала её в спортивную секцию. 柳夏有了学游泳的心愿，于是妈妈给她报了体育组。

8) Жаль, что староста забыл записать меня на экскурсию. 真遗憾，班长忘了给我报名去旅游了。

9) Дочь увлеклась русским языком, и папа записал её на курсы русского языка. 女儿迷上俄语，于是爸爸给她报了俄语培训班。

дозва́ниваться, дозва́ниваюсь, дозва́ниваешься, дозва́ниваются

дозвони́ться, дозвоню́сь, дозвони́шься, дозвоня́тся (*к кому, куда*) 打通电话

1) Я звонил к вам из кабинета, но не дозвонился. 我从办公室给您打了电话，但是没打通。

2) К тебе не дозвонился. Тебя не было дома? 给你打电话打不通。你没在家吗?

3) Я нс мог дозвониться домой: никто не подходил к телефону. 我打不通家里电话，没有人接。

4) Сегодня мама долго звонила мне на работу, но никак не могла дозвониться. 今天妈妈给我往班上打电话打了很久，但是怎么也打不通。

5) Вы можете обратиться в справочное бюро. Правда, туда очень трудно дозвониться. Всё занято и занято. 您可以咨询问讯处。不

过，电话确实挺难打通的。一直占线。

6) В наше время почти у каждого есть мобильник, поэтому люди всегда легко дозваниваются к другим. 如今几乎每个人都有手机，因此人们总是很容易打通别人的电话。

7) Ты не знаешь, когда к нему легче всего дозвониться? 你知不知道什么时候给他打电话最容易打通？

8) Первый раз я ошибся номером, и позвонил ещё раз. На этот раз дозвонился. 第一次我拨错号了，所以又打了一次。这次打通了。

уезжа́ть, уезжа́ю, уезжа́ешь, уезжа́ют

уе́хать, уе́ду, уе́дешь, уе́дут (*откуда*, *куда*)(乘车等)动身，离开

1) Я больше не видел Серёжу. Он отсюда давно уехал домой. 我再也没见过谢廖扎。他早就离开这里回家了。

2) Кроме Миши, все уехали на вокзал встречать иностранных гостей. 除了米沙，所有人都去火车站接外宾了。

3) Мне давно хотелось уехать в Шанхай лечить болезнь. 我早就想去上海治病。

4) Мы собираемся всей семьёй уехать за город на экскурсию. 我们打算全家去郊外旅游。

5) Два месяца назад студенты третьего курса уехали в Россию учиться. 两个月前三年级的学生去俄罗斯学习了。

6) Завтра родители уезжают на поезде из деревни к дочери на юг. 明天父母坐火车从农村去南方的女儿那儿。

7) Утром дети уехали в парк кататься на коньках, но к вечеру они ещё не вернулись. Родители очень беспокоились. 早上孩子们去公园滑冰了，但是傍晚他们还没回来。父母很担心。

8) Обычно я уезжаю с завода в пять часов вечера, а в половине шестого я уже дома. 我一般晚5点乘车离开工厂，而5点半的时候就已经到家了。

прибыва́ть, прибыва́ю, прибыва́ешь, прибыва́ют

прибы́ть, прибу́ду, прибу́дешь, прибу́дут; при́был, прибыла́, при́было, при́были (*куда*) 抵达，到达

1) Я хотел бы узнать, в какое время прибывает поезд Харбин-Шанхай. 我想知道哈尔滨－上海的火车什么时候到站。

2) Рейс Пекин-Москва прибывает в шестнадцать часов тридцать минут. 北京－莫斯科航班于16时30分抵达。

3) Не волнуйтесь, самолёт Москва-Петербург прибудет по расписанию. 别担心,莫斯科－彼得堡的飞机会准时到达。

4) В плохую погоду самолёт часто не может прибыть вовремя. 天气不好时飞机常常不能按时到达。

5) Последняя группа спортсменов прибудет самолётом на днях. 最后一批运动员将乘飞机于近日抵达。

6) Через каждые три дня на остров прибывают товары. 每隔三天货物就运到岛上。

7) Каждый день в столицу прибывают тысячи и тысячи людей из разных мест. 每天都有成千上万的来自不同地方的人到达首都。

8) По приглашению декана филологического факультета МГУ наш директор прибыл в МГУ на лекцию. 我们院长应莫斯科大学语文系系主任的邀请到莫大讲学。

прилета́ть, прилета́ю, прилета́ешь, прилета́ют

прилете́ть, прилечу́, прилети́шь, прилетя́т (*откуда*, *куда*) 飞来，飞到

1) Когда стоит плохая погода, самолёт не может прилететь по расписанию. 当遇到坏天气时,飞机不能按时飞到。

2) Сегодня самолёт Ухань-Хайнань прилетел точно по расписанию и прибыл в аэропорт вовремя. 今天武汉-海南的飞机准时飞来,并按时抵达机场。

3) Ранним утром первая группа чемпионов мира прилетела из Лондона в Пекин. 清晨第一批世界冠军从伦敦飞到北京。

4) Третьего марта русские специалисты прилетят из Москвы в наш город. 3月3日俄罗斯专家将从莫斯科飞到我们市。

5) Весной ласточки прилетают с юга, а осенью — улетают на юг. 春天燕子从南方飞来,而秋天飞往南方。

6) В последние дни в нашем районе появились птицы, которые прилетели с севера. 最近我们区出现了一些从北方飞来的鸟。

брони́ровать, брони́рую, брони́руешь, брони́руют

заброни́ровать (*что*) 预留(票、座位等),预订

1) По телефону я забронировал место в поезде. 我打电话预订了火车座位。

2) Я хочу поехать в санаторий отдыхать, для этого нужно заранее забронировать место в санатории. 我想去疗养院休息,为此需要提前预订疗养院床位。

3) Зоя поговорила с директором ресторана и забронировала столик для нас. 卓娅同餐厅经理谈了一下,并为我们订好了餐位。

4) Игорь просил знакомого забронировать места в театре, ведь ему трудно купить билеты. 伊戈尔请熟人预订了剧院的位子,要知道他很难买到票。

5) Помоги мне забронировать номер на двоих на первое мая. 请帮我订个5月1日的双人间。

6) Помогите мне забронировать номер на троих на субботу или на воскресенье. 请帮我预订一个周六或周日的三人间。

7) Когда Нина услышала, что я приеду на днях, она срузу забронировала номер на одного в гостинице «Россия». 当尼娜听说我近日要来,她立刻在"俄罗斯"宾馆订了个单人间。

интересова́ть, интересу́ю, интересу́ешь, интересу́ют (*кого-что*) 使……感兴趣

1) Из всех русских городов меня интересует только Санкт-Петербург. 在俄罗斯所有城市中我只对圣彼得堡感兴趣。

2) На этой выставке большинство посетителей больше интересуют картины молодого художника. 在这个展览会上大多数参观者对一位年轻画家的作品更感兴趣。

3) Из всех видов спорта Таню больше всего интересует бег и плавание. 在所有运动项目中塔尼娅对跑步和游泳最感兴趣。

4) В своё время маму интересовала современная русская литература.

妈妈当年对当代俄罗斯文学感兴趣。

5) Когда Борис учился в университете, никакой предмет его не интересовал. 当鲍里斯在大学学习的时候,他对什么科目都不感兴趣。

6) Приезжайте к нам в гости. Всё в этом городе вас будет интересовать. 来我们这儿作客吧。你会对这个城市的一切感兴趣的。

7) Я не могу сказать, что я болельщик, но спорт меня очень интересует. 我不能说我是体育迷,但是我对体育很感兴趣。

8) Меня интересует именно то, кто займёт первое место в этом семестре. 我所感兴趣的正是这学期谁会考第一。

9) В нашем городе много музеев, людей особенно интересуют Исторический музей и Музей искусств. 在我们城市有很多博物馆,人们对历史博物馆和艺术博物馆特别感兴趣。

☞ 课文 **Текст**

тра́тить, тра́чу, тра́тишь, тра́тят

потра́тить (*что на кого-что*) 花费

1) В современной жизни почти каждый человек тратит немало времени на Интернет. 在现代生活中几乎每个人都花不少时间上网。

2) Меня интересует, сколько денег вы тратите на книги каждый месяц. 我想知道您每个月买书花多少钱。

3) В прошлом месяце Нина потратила половину зарплаты на одежду и обувь. 上个月尼娜花了一半工资买衣服和鞋子。

4) Каждый день Ира тратит полчаса на утреннее чтение, чтобы свободно говорить по-русски. 为了流利地说俄语,伊拉每天都花半个小时晨读。

5) Нам очень жаль, что потратили целый день на поездку за город, ведь нас ждёт завтрашний экзамен. 我们对花了一整天时间出城郊游感到可惜,要知道明天我们有考试。

6) Туристы потратили три часа на дорогу туда и два с половиной — обратно. 游客们在去的时候花了 3 个小时,返程花了两个半小时。

7) Вы, наверное, потратили много сил, чтобы подняться на гору. 您

大概花了很多力气才登上山的。

8) Не стоит тратить так много денег на ребёнка. 不值得在小孩子身上花这么多钱。

воспи́тывать, воспи́тываю, воспи́тываешь, воспи́тывают

воспита́ть, воспита́ю, воспита́ешь, воспита́ют (*кого-что каким*) 教育,培养;(*что в ком*)养成,培养(某种精神、品质等)

1) Книги Островского глубоко воспитали много молодых людей. 奥斯特洛夫斯基的书深深教育了很多年轻人。
2) Воспитывать гораздо труднее, чем передавать знания. 教育比传授知识要难得多。
3) Мама хотела воспитать своих сыновей добрыми и смелыми людьми. 妈妈想把自己的儿子们培养成善良和勇敢的人。
4) Писатели должны помогать партии воспитать нашу молодёжь нужным Родине человеком. 作家应该帮助党把我们的青年培养成为祖国需要的人。
5) Надо с раннего детства воспитывать в детях любовь к природе. 应该从小培养孩子热爱大自然。
6) Наша литература должна воспитывать в молодёжи чувство ответственности. 我们的文学应该培养青年具有责任感。
7) Такой учебник не только даёт студентам знания, но и воспитывает в них способность разрешать практические проблемы. 这样的教科书不仅能传授大学生们知识,而且培养他们解决实际问题的能力。
8) Надо воспитывать в себе любовь к учёбе, чтобы учёба была приятна, как игра. 为了使学习像游戏一样快乐,应该培养自己对学习的热爱。
9) Тяжёлая жизнь воспитала в наших родителях мужество, упорство и трудолюбие. 艰苦的生活培养了我们父母勇敢、顽强和热爱劳动的精神。

снима́ть, снима́ю, снима́ешь, снима́ют

снять, сниму́, сни́мешь, сни́мут; снял, сняла́, сня́ло, сня́ли (*кого-что откуда*) 拿下,取下;摘下,脱下

1) Помоги мне, пожалуйста, снять карту мира со стены. 请帮我把世界地图从墙上取下来。

2) Надя села за стол, сняла книгу с полки и начала читать. 娜佳坐到桌旁,从书架上拿下书开始读起来。

3) Я снял трубку, набрал номер и услышал длинные гудки. 我拿起听筒,拨了号码,听到了很长的嘟嘟声。

4) Поезд подходил к станции, пассажиры начали снимать свои вещи с полок. 火车快进站了,旅客们开始从架子上取下自己的东西。

5) Больной с трудом снял с себя брюки и лёг в постель. 病人艰难地脱掉裤子,躺到被窝里。

6) Пальто и шапку, пожалуйста, снимите в прихожей. 请在前厅脱掉大衣和摘下帽子。

7) Мать сняла с дочки платье и положила её на кровать. 妈妈脱掉了女儿的裙子,并把她放到床上。

8) Мужчина снял туфли и часы, спустились к реке купаться. 男子脱掉鞋, 摘下手表就下河游泳了。

существова́ть, существу́ю, существу́ешь, существу́ют 有,存在,生存

1) Кажется, эти деревья существуют около ста лет. 看来这些树已经有大约 100 年了。

2) На этот вопрос существуют разные ответы. 这个问题有不同的答案。

3) В мире существуют разные люди: и хорошие, и плохие. 世界上有各种各样的人:有好人,也有坏人。

4) У нас в Китае давно существует традиционное представление о семье: отец, как глава семьи, занимает главное место. 在我们中国很早就有个传统的家庭观念:父亲作为一家之主,占据主导地位。

5) Без воды нельзя существовать человеку. 没有水人不能生存。

6) Люди часто задают себе вопрос: существует ли жизнь в космосе, кроме Земли. 人们经常问自己:在宇宙中除了地球外是否还存在生命。

предоставля́ть, предоставля́ю, предоставля́ешь, предоставля́ют

предоста́вить, предоста́влю, предоста́вишь, предоста́вят (*кого-*

что кому）给予，提供，供……使用

1) В наше время телефонная служба предоставляет нам разные услуги. 现在电话业务为我们提供各种服务。

2) Входите в Интернет, и вам предоставят любую информацию и помощь. 上网吧，你们会获得任何信息和帮助。

3) Говорят, здесь бесплатно предоставляют жителям юридическую консультацию. 听说，这里给居民提供免费法律咨询。

4) Прошу предоставить мне отпуск. 请给我假。

5) Хозяин предоставил свою комнату гостям, а сам устроился на ночь в кабинет. 主人把自己的房间给客人使用，而他自己则在办公室过夜。

6) Мы собираемся предоставить учителям места для отдыха в будущем году. 我们打算明年给教师们提供休息场所。

7) Наша страна предоставляет каждому гражданину право на отдых и труд. 我们国家赋予每个公民休息权及劳动权。

8) Когда отец стал директором завода, завод предоставил ему машину и квартиру. 父亲成了厂长后，工厂给他提供了车子及住房。

сле́довать, сле́дую, сле́дуешь, сле́дуют（*за кем-чем*）跟随；（*кому с инф.*）应该

1) Хозяин идёт вперёд, а за ним следует красивая собака. 主人在前面走，后面跟着漂亮的小狗。

2) Не следуйте за мной, я вас боюсь. 别跟着我，我怕您。

3) Четыре времени года следуют одно за другим. 四季循环，周而复始。

4) В русском алфавите буква «ю» следует за буквой «э». 在俄语字母表中，字母“ю”排在字母“э”后面。

5) У вас больной вид, вам следует пойти к врачу. 您一副病态，应该去看医生。

6) У тебя мало времени, тебе следует закончить работу до ужина. 你时间少，应该晚饭前结束工作。

7) Студентам следует не только сдать экзамены, но и сдать на пятёрки. 学生们不仅应该通过考试，还应该以五分通过。

8) По-моему, нам следует выполнить этот план через месяц после

праздника. 依我看，节后过一个月我们就应该完成这个计划。

мен́ять, мен́яю, мен́яешь, мен́яют

помен́ять (*кого-что*) 更换；(*кого-что на кого-что*) 交换

1) Бельё надо менять один-два раза в неделю. 内衣应该一周换1-2次。
2) Туфли мне не подходят, придётся поменять другие. 这双鞋对我来说不合适，不得不换其它的。
3) Для школьников нехорошо, когда часто меняют учителей. 经常换老师对学生不好。
4) Если вы поменяете свой номер телефона, не забудьте сообщить мне. 如果您要换电话号的话，别忘了告诉我。
5) В нашем университете разрешают только отличным студентам менять специальность. 在我们大学只允许优秀学生改专业。
6) Простите, вы не можете поменять крупные деньги на мелкие? 对不起，您能否将大钞换成零钱？
7) Бабушка часто ездит в деревню менять вещи на продукты. 外婆经常去乡下用物品换食物。
8) Было время, когда не существовало денег, люди меняли вещи на вещи. 曾有过这样一个时期，当钱币还没有的时候，人们物物交换。

сообщ́ать, сообщ́аю, сообщ́аешь, сообщ́ают

сообщ́ить, сообщ́у, сообщ́ишь, сообщ́ат (*кому что, о чём*) 通知，告诉

1) Если вы уедете в Пекин, сообщите нам, пожалуйста. 如果您要去北京，请告诉我们一声。
2) Друг забыл сообщить Оле об экзамене по истории, и она не сдала этот экзамен. 朋友忘了通知奥莉娅历史考试的事，所以她没通过考试。
3) Мне сообщили, что завтра у нас будет экскурсия по городу. 我得到通知，明天我们游览市容。
4) Сообщите моим родителям, что вернусь после ужина. 请告诉我父母，我晚饭后回去。
5) Староста сообщил всем товарищам о том, что во второй половине

дня в учебном корпусе будет фильм на русском языке. 班长通知所有同学下午在教学楼将放映俄语电影。

6) Прошу вас сообщить нам новый адрес, когда переедете на новую квартиру. 当您搬新家时,请告诉我们新的地址。

7) Все новости я сообщу вам при встрече. 在见面时我告诉您所有新闻。

8) Сегодня утром по радио сообщили, что завтра будет метель. 今天早上广播播报,明天将有暴风雪。

рассчи́тывать, рассчи́тываю, рассчи́тываешь, рассчи́тывают (*на кого-что*, *с инф.*) 期望,指望

1) Не рассчитывай на других, следует рассчитывать на себя. 别指望别人,应该指望自己。

2) Сам делай, не надо рассчитывать на помощь со стороны. 自己做吧,不要指望旁人的帮助。

3) Я хорошо знаю этих людей, на них вы можете рассчитывать. 我很了解这些人,您可以指望他们。

4) На завтра не рассчитывай, ведь завтра будут новые дела. 别指望明天,要知道明天会有新的事情。

5) Я никогда не рассчитывал, что он поможет мне найти сына. 我从未指望过他能帮我找到儿子。

6) Рабочие рассчитывают выполнить план работы к ноябрю. 工人们希望11月前完成工作计划。

7) Времени мне дали достаточно, так что я рассчитываю вернуться вовремя. 给我的时间是足够的,因此我期望能按时回来。

8) В нашей группе почти все студенты рассчитывают сдать экзамены на отлично. 在我们班几乎所有学生都期望以优异的成绩通过考试。

благодаря́ (*кому-чему*) 多亏了,由于

1) Благодаря тренеру этот спортсмен добился своей цели. 多亏了教练这个运动员才达到了自己的目标。

2) Благодаря учителю Ли я поступил в Пекинский университет на математический факультет. 多亏了李老师我才能考入北京大学数学系。

3) Благодаря тебе я хорошо понял этот текст. 多亏了你我才很好地理解了这篇课文。

4) Благодаря врачу больная женщина скоро поправилась. 多亏了医生生病的女人才很快康复了。

5) Благодаря Интернету мы можем быстрее узнать много нового в мире, не выходя из дома. 由于有网络我们不出家门就能够较快知道世界上的许多新鲜事。

6) Благодаря вашей помощи мы смогли выполнить эту работу за неделю. 幸亏有您的帮助,我们才能一周内完成这项工作。

7) Благодаря милиции молодые родители наконец нашли свою дочь. 多亏了警察年轻的父母最终找到了自己的女儿。

8) Благодаря науке и технике наша жизнь становится всё лучше и лучше. 由于科学与技术我们的生活才变得越来越好。

с по́мощью (*кого-чего*) 借助……,在……的帮助下

1) С помощью отца сын научился теннису. 在父亲的帮助下儿子学会了网球。

2) С помощью тренеру Вася научился кататься на лыжах. 在教练的帮助下瓦夏学会了滑雪。

3) Мы с Юрой хорошие друзья. С его помощью я сдал экзамен. 我和尤拉是好朋友。在他的帮助下我通过了考试。

4) С помощью родственников Алексей устроился на работу в столицу. 由于亲戚的帮忙,阿列克谢在首都找到了工作。

5) Сейчас люди ищут работу с помощью Интернета, и многие из них нашли довольную работу. 现在人们借助网络找工作,而且其中很多人都找到了满意的工作。

6) С помощью телефонной службы она узнала номер телефона своей младшей сестры. 借助电话服务她得知了自己妹妹的电话号码。

7) С помощью словаря мои дети уже познакомились со многими новыми словами. 我的孩子们借助字典已经认识了很多新词。

8) С помощью мобильного телефона в любое время вы можете позвонить или другие находят вас. 你们随时都可以借助手机打电话,或

者别人借助手机随时都可以找到你们。

задава́ть, задаю́, задаёшь, задаю́т

зада́ть, зада́м, зада́шь, зада́ст, зададим́, зададите, зададу́т; за́дал, задала́, за́дало, за́дали (*кому что, с инф.*) 提出,指定

1) Дети любят задавать вопрос «Почему». 孩子们喜欢提出“为什么”的问题。
2) На собрании журналисты задали несколько вопросов директору завода, а он быстро ответил на них. 会上记者们向厂长提出了几个问题,他都很快地答出了。
3) Я попробовал задать этот вопрос людям разного возраста и разных профессий. 我试着向不同年龄和不同职业的人们提出这个问题。
4) Брат часто задаёт мне такой интересный вопрос. 弟弟常向我提出这样有趣的问题。
5) Обычно в конце занятий учитель задаёт ученикам уроки. 老师通常在课结束的时候给学生布置功课。
6) Раз в неделю нам задают сочинение, а на этот раз задали написать рассказ «Кем быть». 我们一周留一次作文,而这次让写小短文《成为什么人》。
7) Вчера во второй группе задали выучить текст и составить предложения. 昨天二班留的作业是背课文和造句。

Урок 11

☞ 对话 Диалоги

вы́глядеть, вы́гляжу, вы́глядишь, вы́глядят (*кем-чем, каким*) 看样子,看起来,显得

1) Дедушка выглядит хорошо, у него здоровый вид. 爷爷看起来不错,一副健康的样子。
2) Тёте Тамаре уже лет пятьдесят, но она выглядит моложе своих лет. 塔玛拉阿姨已经50来岁了,但是她看起来比自己的实际年龄年轻。

3) В праздники площадь Тяньаньмэнь выглядит особенно красиво и торжественно. 节日里天安门广场看起来特别漂亮和庄严。

4) В эти дни Антон чувствует себя очень плохо, выглядит совсем нездорово. 这些天安东感觉很不好，看样子完全不健康。

5) Неделю назад Лилия вышла замуж. Она выглядит счастливой. 一周前莉莉娅出嫁了。她看上去很幸福。

6) Пётр болеет уже год. Теперь он выглядит старше своих лет. 彼得生病已一年了。他现在看上去要比自己实际年龄老。

7) Три года мы с Сашей не виделись. Он выглядит совсем взрослым. 我和萨沙三年没见面了。他看上去已完全是成年人了。

нездоро́виться, нездоро́вится (*кому*) 不舒服，有病

1) Видно, Оле что-то нездоровится, она плохо выглядит. 看得出，奥莉娅有点不舒服，看上去很不好。

2) Вчера один день мне нездоровилось, пришлось одному сидеть дома. 昨天一天我都不舒服，不得不一个人呆在家里。

3) Сегодня мальчику нездоровится, у него сильно болит голова. 今天男孩不舒服，他的头很痛。

4) Если тебе нездоровится, принимай это лекарство. 如果你不舒服，就吃这个药。

5) С утра больной женщине нездоровилось. Врач измерил ей температуру: тридцать восемь и три. 从早上起女病人就不舒服。医生给她量了体温，是38.3度。

6) Когда моему ребёнку нездоровилось, я сразу позвонила мужу. 当我的孩子不舒服时，我立即给丈夫打了电话。

7) Ночью дочке не здоровилось. Утром она почувствовала себя лучше. 夜里女儿不舒服了。早晨她感觉自己好些了。

8) Вам нездоровится? Чем могу вам помочь? 您不舒服吗？我能怎样帮助您？

сочу́вствовать, сочу́вствую, сочу́вствуешь, сочу́вствуют (*кому-чему*) 同情

1) Она очень добрая, часто сочувствует сиротам. 她很善良，常常对孤

儿表示同情。

2) Очень сочувствую Наташе, на этот раз она опять не сдала экзамен. 我非常同情娜塔莎,这次她又没通过考试。

3) Люди сочувствуют этому ребёнку, ведь ему только два года, но тяжело заболел. 人们同情这个孩子,要知道他只有两岁,却患了很严重的病。

4) Надо быть добрым и уметь сочувствовать другим. 应该成为善良的人并且善于同情他人。

5) Когда товарищи узнали, что с детства у Инны нет родителей, они начали сочувствовать ей. 当同学们知道因纳从小就没有父母,他们开始同情她。

6) Разве вы не сочувствуете этому молодому человеку? Знаете, с ним случилась беда. 难道你们不同情这个年轻人吗？要知道,他遇到了不幸。

7) Мы очень сочувствуем несчастью Сергея, и хотим ему помочь. 我们都很同情谢尔盖的不幸,并想帮他。

8) Человека, который сочувствует чужому горю, все считают добрым. 大家都认为同情他人痛苦的人是善良的。

обраща́ться, обраща́юсь, обраща́ешься, обраща́ются

обрати́ться, обращу́сь, обрати́шься, обратя́тся (*к кому-чему, куда*) 找……；向……提出

1) Андрею было очень плохо, у него болели зубы, и он обратился к зубному врачу. 安德烈很不舒服,他牙痛,于是他去了牙医那儿。

2) Если у вас какие-нибудь вопросы, обращайтесь ко мне за консультацией в любое время. 如果你们有问题的话,请随时找我答疑。

3) По вопросу о поездке в Россию вы должны обратиться к профессору Вану. 去俄罗斯的问题你们应该去找王教授。

4) В этом рассказе может быть немало незнакомых слов. Вы можете обратиться к словарю. 在这篇故事里可能有不少生词。你们可以查字典。

5) В наше время люди привыкли обращаться в милицию за помощью

в трудные минуты. 现在人们已习惯在困难时刻向警察局寻求帮助。

6) У меня заботливые родители. Когда я обращаюсь к ним за советом, они всегда помогают мне добрым советом. 我有体贴的父母。当我向他们寻求建议时,他们总是给我提出良策来帮助我。

7) Миша — отличный студент. После занятий он всегда обращается к преподавателям с разными вопросами. 米沙是一个优秀的大学生。课后他总是向老师提出各种各样的问题。

8) Я хочу обратиться к известному хирургу, но не знаю, в каком кабинете он принимает. 我想去找一位著名的外科医生,但是不知道他在哪个诊室出诊。

кружи́ться, кружу́сь, кру́жишься, кру́жатся 旋转,打转,转圈

1) Вчера весь день мне было плохо, голова кружилась, тошнило, наверное, простудился. 昨天一整天我都不舒服,头晕、恶心,也许是感冒了。

2) — Что с вами? “您怎么了?”

— Я чувствую усталость, голова кружится. “我感觉疲惫、头晕。”

3) В новогодний праздник дети кружатся вокруг ёлки. 新年时孩子们围着枞树转来转去。

4) Дети с удивлением смотрят, как волчок кружится на месте. 孩子们好奇地看着陀螺在原地旋转。

5) У людей часто бывают минуты, когда от успехов кружится голова. 人们常有被成绩冲昏头脑的时候。

пока́зываться, пока́зываюсь, пока́зываешься, пока́зываются

показа́ться, покажу́сь, пока́жешься, пока́жутся (*кому-чему*) 去看病;出现

1) У тебя высокая температура. Тебе надо бы показаться врачу. 你发高烧了。你应该去看医生。

2) Вчера у младшей сестры болел живот, и она сразу показалась хирургу. 昨天妹妹肚子疼,她立刻去看了外科医生。

3) У вас больной вид. Покажитесь врачу. 您一副病态。去医生那儿看看吧。

4) У меня болит зуб. Мне придётся показаться зубному врачу после занятий. 我牙疼。下课后只得去看牙医了。

5) Из-за гор показалась луна. 月亮从山后升起。

6) Солнце показалось на горизонте. Новый день наступил. 太阳出现在地平线上。新的一天来临了。

7) Через несколько минут из-за угла показался троллейбус, он подходит к остановке. 过了几分钟拐角处出现了无轨电车,它向站台驶去。

8) После большого дождя на небе вдруг показалась радуга. Дети увидели и обрадовались. 大雨过后天空中出现了彩虹。孩子们看见了很高兴。

простужáться, простужáюсь, простужáешься, простужáются

простудúться, простужýсь, простýдишься, простýдятся 感冒

1) Сегодня Зоя не пришла на занятия, как будто простудилась. 卓娅今天没来上课,她好像感冒了。

2) Каждый раз, когда дочь простужается, мать очень переживает за неё. 每一次,当女儿患感冒时,妈妈都为她担心。

3) Маленькие дети легко простужаются. 小孩子易患感冒。

4) Вы простудитесь, если выйдете на улицу без шапки. 如果你们出门不戴帽子,会感冒的。

5) Одевайся потеплее, не простудись. 穿暖和点,别感冒了。

6) В дороге несколько американских туристов сильно простудились. 途中几位美国游客患了重感冒。

осмáтривать, осмáтриваю, осмáтриваешь, осмáтривают

осмотрéть, осмотрю́, осмóтришь, осмóтрят (*кого-что*) 检查;参观

1) В своём кабинете врач осмотрел меня и выписал рецепт. 医生在自己的诊室给我做了检查并且开了药方。

2) У Нади грипп. Врач осмотрел её и назначил лечение. 娜佳得了流感。医生给她做了检查并且指定了治疗方法。

3) По выходным дням в этой поликлинике осматривают студентов. 每逢休息日这个门诊部为大学生做体检。

4) Нужно сначала осмотреть больного, а потом поставить диагноз.

需要先为病人做检查，然后做出诊断。

5) Я вас запишу к доктору Петрову, пусть он вас осмотрит. 我给您挂彼得罗夫医生的号，让他给您做检查。

6) Москва такой большой город, что за два дня не осмотришь. 莫斯科是如此之大，两天也参观不完。

7) Если у нас хватит времени, давайте завтра осмотрим дом-музей Толстого. 如果我们时间够的话，那么让我们明天去参观托尔斯泰故居纪念馆吧。

8) К нам приехали гости из России. Они собираются осмотреть нашу фабрику сегодня во второй половине дня. 我们这儿来了俄罗斯客人。他们打算今天下午参观我们工厂。

9) Военные заводы обычно не разрешают осматривать. 军工厂通常不准参观。

10) Мы потратили целый день, чтобы осмотреть музей. 我们用了一整天的时间参观博物馆。

понижа́ться, понижа́юсь, понижа́ешься, понижа́ются

пони́зиться, пони́жусь, пони́зишься, пони́зятся 下降，降低，减退

1) Обычно летом вода в реке повышается, а зимой — понижается. 一般夏天河水升高，冬天则下降。

2) Когда больной принял лекарство, температура у него быстро понизилась. 当病人服药后，他的体温很快下降了。

3) В эти дни температура погоды в нашем городе понижается, значит, лето подходит к концу. 这几天我们城市的气温在下降，这就意味着夏天快结束了。

4) Через несколько дней цены на продукты наконец понизились. 过了几天食品的价格终于降下来了。

5) После болезни здоровье дедушки понизилось. 生病后爷爷的身体不如以前了。

6) Через неделю после того, как больной лёг в больницу, давление его понизилось. 病人住院后一星期血压降下来了。

7) В часы пик скорость движения автобусов понижается. 高峰时段公

共汽车的行驶速度减慢了。

вылéчивать，вылéчиваю，вылéчиваешь，вылéчивают

вы́лечить，вы́лечу，вы́лечишь，вы́лечат（*кого-что*）医好，治愈

1）Когда тебя вылечат，я поведу тебя к дяде Вану в гости. 当你治愈后，我领你去王叔叔那儿做客。

2）Николай — опытный врач. До сих пор он уже вылечил много больных. 尼古拉是一位有经验的医生。至今他已经治愈了很多患者。

3）Я узнал у друга，что этот старый врач，известный специалист по китайской медицине，обязательно вылечит его глаза. 我从朋友那儿得知，这位老医生是知名的中医专家，一定会治好他的眼睛。

4）Мне кажется，для всех врачей вылечить болезнь — это их самое большое счастье. 我认为，对于所有医生来说，治愈疾病是他们最大的幸福。

5）Именно этот терапевт вылечил моё сердце. И я жив до сих пор. 正是这位内科医生治好了我的心脏。我才活到现在。

6）Не беспокойся，Иван Петрович - известный в Китае хирург. Он вылечит ноги нашего сына. 别担心，伊万·彼得洛维奇是中国知名的外科医生。他会治好我们儿子的腿的。

жáловаться，жáлуюсь，жáлуешься，жáлуются

пожáловаться（*на кого-что*）诉说（有病、疼痛等）；抱怨，发牢骚

1）«На что вы жалуетесь?» — Врач спросил больного. “您哪里不舒服?”——医生问患者。

2）У Алексея Сергеевича слабое здоровье. Он часто жалуется на нездоровье. 阿列克谢·谢尔盖耶维奇体质弱。他经常说不舒服。

3）Вчера сосед пожаловался на головную боль，и я посоветовал ему показаться врачу. 昨天邻居说头痛，我就建议他去看医生。

4）Больной лёг в постель и стал жаловаться на сильные боли в животе. 病人躺到被窝里，开始诉说肚子剧痛。

5）Сергей южанин. Он не любит северный климат и часто жалуется на холода. 谢尔盖是南方人。他不喜欢北方的气候，并且经常抱怨太冷。

6) У мужа почти нет свободного времени, всеми домашними делами занимаюсь только я, так что я часто жалуюсь на него. 丈夫几乎没有空闲时间,所有的家务都是我做的,为此我经常向他发牢骚。

7) Родители никогда не вмешиваются в мои дела. Я не могу жаловаться. 父母从来不干涉我的事情。我不能抱怨。

8) Девушка жалуется, что писем от родителей не получает. 女孩抱怨收不到父母的来信。

измеря́ть, измеря́ю, измеря́ешь, измеря́ют

изме́рить, изме́рю, изме́ришь, изме́рят (*кого-что*) 测量

1) Где термометр? Пора тебе температуру измерять. 温度计在哪儿?该给你量体温了。

2) Больному необходимо сначала измерить температуру. 病人必须先量体温。

3) Вот вам линейка. Измерьте сначала площадь комнаты. 给您尺子,先量一下房间面积。

4) Расстояние измеряют обычно в метрах, сантиметрах, если оно большое, то в километрах. 距离通常用米和厘米为单位来测量,如果距离很长,那就用千米。

5) Нет высоты, которой нельзя было бы достичь. Нет глубины, которой нельзя было бы измерить. 没有达不到的高度,没有测不出的深度。

6) Измерить прибором, конечно, точнее, чем на глаз и шагами. 用仪器测量当然比用眼睛和步子测量更准确。

па́дать, па́даю, па́даешь, па́дают

упа́сть, упаду́, упадёшь, упаду́т; упа́л, упа́ла, упа́ло, упа́ли (*откуда, куда*) 降落,落下;下降,减弱

1) На лодке много народу. Вдруг начал дуть сильный ветер, два человека упало в море. 小船上有很多人。突然刮起大风,两个人落入海中。

2) Осенние дни сентября-октября — это время, когда уже падают листья с деревьев. 9-10 月的秋季,这是叶子从树上落下的季节。

3) Крупные капли дождя падали с неба прямо на землю, на дом, на дерево. 大大的雨滴从天上直接落到地上、房子上和树上。

4) Девочка сама была на мосту. Вдруг она упала с моста в реку. 女孩当时自己在桥上，突然她从桥上落入河中。

5) Многие думают, что Ньютону повезло, так как с дерева яблоко упало именно на его голову. 很多人认为牛顿是幸运的，因为苹果从树上正好掉到了他的头上。

6) Когда цены на товары упали, все люди обрадовались друг другу. 商品降价后，大家彼此都很高兴。

7) Старик лежал в больнице уже целую неделю, и только сегодня утром температура у него упала. 老人住院已经整整一周了，只是在今天早上体温才降下来。

8) Сегодня весь день дул сильный ветер, только к вечеру ветер падал. 今天刮了一整天的大风，只是到了傍晚风力才减弱。

* **принима́ть**

приня́ть (*что*) 服用（药物）

1) Больной принял аспирин, и температура понизилась. 病人吃了阿司匹林后就退烧了。

2) — Как принимать это лекарство? “这药怎么服用？”

— Три раза в день после еды. “一天三次，饭后服用。”

3) Микстуру принимайте перед сном. Она хорошо помогает от кашля при гриппе. 睡前请喝药水。它对流感引起的咳嗽很有效。

4) При головной боли принимайте по одной таблетке два раза в день перед едой. 头痛时一日两次，一次一片，饭前服用。

5) Мама, не забудьте принять лекарство для сердца вечером. 妈妈，晚上别忘了吃治心脏的药。

за (*сколько времени*) **до** (*чего*) ……前（若干时间）

1) Этот подарок я получил за неделю до дня рождения. 这个礼物我生日前一周就收到了。

2) Ли Сяо нашла работу за месяц до окончания университета. 李晓在大学毕业前一个月就找到了工作。

3) За полчаса до еды нельзя принимать лекарство. 饭前半小时禁止服药。

4) Мы приехали на вокзал за двадцать минут до отправления поезда. 火车发车前20分钟我们到了火车站。

5) За полмесяца до начала семестра он уже начал готовиться к занятиям. 学期开始前半个月他已经开始备课。

6) За час до операции врачи и медсёстры собрались и начали работу. 术前一小时医生和护士们聚在一起开始工作。

7) Рассказ свой Петров отдал мне за день до его отъезда. 彼得罗夫在临行前一天把他的小说交给了我。

8) Чтобы попасть в Большой театр, надо заказать экскурсию заранее — за пять дней до дня экскурсии. 为了去大剧院,应该在参观前5天提前预定。

че́рез (*сколько времени*) **по́сле** (*чего*) ……后(若干时间)

1) Через пять минут после занятий преподаватель вышел из аудитории. 下课5分钟后老师走出了教室。

2) Через два года после окончания университета Миша познакомился со своей будущей женой. 大学毕业两年后米沙认识了自己未来的妻子。

3) Через четыре года после поступления на завод сестра вышла замуж за врача. 进入工厂4年后姐姐嫁给了一位医生。

4) Врач советует больному принимать это лекарство через полчаса после еды. 医生建议患者饭后半小时服用这个药。

5) Через месяц после праздника Весны студентам нужно вернуться в университет. 春节后过一个月大学生们需要返校。

6) Через несколько минут после телефонного разговора я получил СМС от моего старого друга. 挂上电话没几分钟我就收到了老朋友的短信。

7) Через полгода после пенсии дедушка переехал на новую квартиру. 爷爷退休后过半年搬了新家。

поправля́ться, поправля́юсь, поправля́ешься, поправля́ются

попра́виться, попра́влюсь, попра́вишься, попра́вятся 康复,复原

1) Не падай духом, поправишься. 别泄气,会康复的。

2) Боюсь я, вот нога поправится не скоро. 我就是担心,我这脚不会很快复原。

3) Дима долго болел, но теперь поправляется. 季马病了很长时间,但现在正在康复。

4) Бабушке очень плохо, ей будет трудно поправиться. 奶奶情况很不好,她是很难康复的。

5) Папа поехал в дом отдыха, там он быстро поправился. 爸爸去了休养所,他在那里很快康复了。

6) Вчера я навестил больного товарища и пожелал ему быстрее поправиться. 昨天我探望了一个生病的同事,并祝他早日康复。

7) Девочка долго не могла поправиться после воспаления лёгких. 得了肺炎之后小女孩好长时间都未能复原。

8) Два дня назад братья заболели и легли в больницу. Сейчас старший брат поправился, а младший — поправляется. 两天前兄弟俩生病住院了。现在哥哥已经好了,而弟弟正在康复中。

выпи́сываться, выпи́сываюсь, выпи́сываешься, выпи́сываются
вы́писаться, вы́пишусь, вы́пишешься, вы́пишутся 出院

1) Когда совсем поправишься, ты сможешь выписаться из больницы. 当你完全康复的时候,就可以出院了。

2) Вера поправляется, и на днях выпишется из больницы. 薇拉正在康复,近日要出院。

3) Через неделю после операции Люба поправилась и выписалась из больницы. 手术一周后柳芭康复出院了。

4) Когда мы узнали, что наш учитель выписался из больницы, мы обрадовались друг другу. 当我们得知老师已出院,我们彼此间都很高兴。

5) Каждый раз, когда мои больные выписываются из больницы, я чувствую большое счастье. 每一次当我的病人出院时,我感到非常幸福。

6) Больной совсем поправился, и врач разрешил ему выписаться из

больницы. 病人完全康复了，于是医生准许他出院了。

7）Месяц назад бабушка уехала в санаторий, теперь она уже выписалась из санатория. 一个月前奶奶去了疗养院，现在她已离开了疗养院。

на днях 近日，最近

1）Несколько дней назад папа написал нам о том, что на днях он вернётся из Америки. 几天前爸爸给我们写信说，近日他要从美国回来。

2）На днях у нас будет контрольная работа по грамматике. Так что нам надо хорошо готовиться. 最近我们要有语法测验。因此我们应该好好准备。

3）На днях к нам приедут родственники со стороны матери из родной деревни. 最近妈妈那边的亲戚要从老家来我们这儿做客。

4）На днях я получил подарок от старого друга Сергея, который живёт на севере. 最近我收到了住在北方的老朋友谢尔盖的礼物。

5）На днях наши студенты, будущие переводчики, уезжают за границу на практику. 近期我们的学生，这些未来的翻译要出国实习。

6）Неделю назад Петю положили в больницу, на днях ему будут делать операцию. 一周前彼佳住院了，近日他要做手术。

7）Анна любит фотографировать. На днях мама купила ей цифровой фотоаппарат. 安娜喜欢摄影。最近妈妈给她买了一台数码相机。

8）Я получила новую квартиру. На днях я приглашу моих больших друзей на новоселье. 我得到一套新住房。近日就要邀请我的好朋友们来喝乔迁酒。

отправля́ть, отправля́ю, отправля́ешь, отправля́ют

отпра́вить, отпра́влю, отпра́вишь, отпра́вят（*кого-что куда*）送走；派遣；寄出

1）У Володи воспаление лёгких, и его отправили в больницу. 沃洛佳得了肺炎，于是他被送到了医院。

2）Эти книги надо срочно отправить в городскую библиотеку. 这些书籍应该立刻送到市图书馆。

3）Таня просит своего товарища отправить её домой на машине. 塔尼娅请自己的同事开车送她回家。

4) Мы с мужем поедем на юг. Нам придётся отправить дочь к её бабушке в деревню. 我和丈夫要去南方。我们不得不送女儿去农村的外婆家。

5) Олег добился больших успехов в учёбе, и его отправили учиться в Россию. 奥列格在学习上取得了很大成绩,因此被派到俄罗斯学习。

6) Директор школы отправил дежурного учителя за газетами и документами. 校长派值班老师去取报纸及文件。

7) До сих пор я хорошо помню, что в моём детстве мама часто отправляла меня в магазин за хлебом и молоком. 至今我还清晰地记得,在我童年时妈妈经常让我去商店买面包和牛奶。

8) С собой возьму только самое необходимое, другие вещи отправлю почтой. 我只随身携带必需品,其它的东西邮寄。

9) Вы не знаете, куда обратиться, чтобы отправить посылку? 您是否知道去哪里可以邮寄包裹?

как бу́дто 好像,似乎

1) Я как будто его где-то видел. 我好像在哪儿见过他。

2) Он как будто собирался в Ухань на зимние каникулы. 他好像曾打算去武汉过寒假。

3) Декан как будто вышел, позвоните, пожалуйста позже. 系主任好像出去了,请晚些时候再打电话。

4) Он как будто ждёт тебя у входа в общежитие. 他好像在宿舍门口等你。

5) Катя так смотрит на меня, как будто не знакома со мной. 卡佳这样看着我,好像不认识我一样。

6) Он говорит по-русски так хорошо, как будто был в России. 他俄语说得这么好,就好像去过俄罗斯一样。

7) Не спрашивай её, она как будто ничего не знает. 别问她,她好像什么都不知道。

☞ 课文 **Текст**

лечи́ть, лечу́, ле́чишь, ле́чат (*кого-что*) 治疗

1) Обычно я лечу зубы у Иванова, лучшего зубного врача в нашем городе. 通常我去伊万诺夫那儿治牙,他是我们市最好的牙医。
2) В нашей городской больнице лечат разные болезни: грипп, воспаление лёгких, аппендицит, рак и другие. 我们市医院治疗各种病:流感、肺炎、阑尾炎、癌症以及其它疾病。
3) У тёти плохо с сердцем. В прошлом месяце она поехала в Пекин лечить сердце. 阿姨心脏不好。上个月她去了北京治疗心脏。
4) Жаль, что в этой больнице нельзя лечить эту серьёзную болезнь. 真遗憾,这家医院不能治疗这种重病。
5) Этот специалист по китайской медицине умеет лечить маленького ребёнка от кашля. 这名中医专家擅长治疗小儿咳嗽。
6) Врач лечил этого больного лекарством уже несколько дней, но лекарство ему не помогло. 医生给这位病人采用药物治疗已有几日了,但药对他不起作用。

пуга́ться, пуга́юсь, пуга́ешься, пуга́ются

испуга́ться (*кого-чего*) 害怕,恐惧

1) Мальчик увидел собаку и испугался. 男孩看见狗后,吓了一跳。
2) Когда мужчина понял, что он сам болен разными болезнями, он сильно испугался. 当男子明白自己患有各种疾病时,他十分恐惧。
3) С детства я пугаюсь молнии и грома. 我从小就怕闪电和打雷。
4) Зимой я одеваюсь тепло, ведь пугаюсь простуды. 冬天我穿得很暖和,要知道我怕感冒。
5) Человек, который пугается трудностей, никогда не добьётся больших успехов. 害怕困难的人永远也不会取得巨大成就。
6) Каждый раз, когда дочь простужается, я пугаюсь её прежней болезни. 每次女儿感冒的时候,我都担心她旧病复发。

заволнова́ться, заволну́юсь, заволну́ешься, заволну́ются 焦急起来,不安起来,紧张起来,激动起来

1) На занятиях Яша не смог ответить на вопросы преподавателя и очень заволновался. 课上雅沙没回答上老师的问题,于是不安起来。
2) Лена заволновалась, так как её бабушка легла в больницу. 列娜开

始着急,因为她的外婆住院了。

3) В начале экзамена я заволновалась, и поэтому не сдала этот экзамен. 考试一开始我就感到紧张,因此没有通过这次考试。

4) Перед вступительными экзаменами Сяо Ли вдруг заволновался, и поэтому не поступил в вуз. 入学考试临考前小李突然紧张起来,结果没有考上大学。

5) В начале соревнований наша команда выиграла у команды аспирантов одну партию, и мы заволновались. 比赛开始的时候我们队赢了研究生队一局,我们兴奋起来。

6) Когда я узнал, что мой сын поступил в Пекинский университет, я заволновался. 当我得知我的儿子考入北京大学的时候,我激动起来。

7) Когда мы первый раз услышали музыку Чайковского, мы все заволновались до глубокой души. 当我们第一次听到柴可夫斯基的音乐时,我们所有人都非常激动。

* **представля́ть** (*собой что*) 是

1) В наше время Интернет представляет собой самое удобное средство связи и общения. 现如今因特网是最便利的通讯与交际工具。

2) Лилия представляет собой красивый цветок, который всем нравится. 百合花是很好看的花,深受大家喜爱。

3) Самолёт представляет собой сложную машину. 飞机是一种复杂的机器。

4) Вода представляет собой прозрачную жидкость без цвета и запаха. 水是无色无味的透明液体。

5) Язык Толстого представляет собой дальнейшее развитие русского литературного языка. 托尔斯泰的语言是俄罗斯标准语的继续发展。

6) Что представляет собой культурология? 什么是文化学?

прожи́ть, проживу́, проживёшь, проживу́т; про́жил, прожила́, про́жило, про́жили(*что*)活,度过(若干时间)

1) «Сколько времени я ещё проживу?» — спросил доктора больной. “我还能活多长时间?”——病人问医生。

2) По мнению некоторых учёных, человек может прожить сто двад-

цать лет. 一些学者认为人可以活 120 岁。

3) Моя бабушка со стороны отца прожила всего девяносто шесть лет. 我奶奶活到了 96 岁。

4) Надо узнать, где он прожил эти два месяца. 应该了解一下这两个月他是在哪儿度过的。

5) В гостинице мы ещё проживём около трёх дней. 我们还要在宾馆住上大约三天。

6) В прошлом году мои родители были за границей и там прожили полгода. 去年我的父母去了国外,并在那儿生活了半年。

7) В Шанхае я прожила пятнадцать лет, а потом с родителями переехали в Харбин. 我在上海生活了 15 年,然后随父母搬到了哈尔滨。

отдава́ть, отдаю́, отдаёшь, отдаю́т

отда́ть, отда́м, отда́шь, отда́ст, отдади́м, отдади́те, отдаду́т; о́тдал, отдала́, о́тдало, о́тдали (*кого-что кому-чему*) 交回,归还;给,交给

1) Я часто беру книги из библиотеки, а каждый раз отдаю вовремя. 我经常从图书馆借书,每次都按时归还。

2) Заплати, пожалуйста, за меня, я тебе потом отдам. 请帮我付钱,过后我还给您。

3) Выпьете пиво — бутылки отдайте в буфет. 啤酒喝完后,把瓶子还给小卖部。

4) Эту старую квартиру нам надо отдать — новую мы уже получили. 这个旧宅我们应该交回,因为已经得到新的了。

5) Отдай то, что взял у меня. 把从我这拿的还回来。

6) Саша бросил заниматься музыкой и свою гитару отдал мне. 萨沙放弃从事音乐,并把自己的吉他给了我。

7) Отдай письмо учителю. Он ждёт его. 把信交给老师。他在等这封信。

8) Платье мне не подходит, и я отдала его сестре. 裙子我穿不合适,于是把它给了姐姐。

9) Вася купил новый фотоаппарат и отдал брату старый. 瓦夏买了新相机,并把旧的给了弟弟。

верну́ть, верну́, вернёшь, верну́т (*кого-что кому*) 还,归还,退回;恢复

1) Ваш роман я уже прочитал, верну вам потом. 您的小说我已经读完了,稍后还给你。
2) Через неделю из газеты вернули мне статью. 过了一周报社退回了我的文章。
3) Прошлого не вернуть. 过去的事无法挽回。
4) В семье случилось несчастье. С дороги меня вернули домой. 家里发生了不幸的事,我从路上被叫回家了。
5) Верните его скорее, пока он не ушёл далеко. 趁他还没走远,快点叫他回来。
6) Успешная операция вернула ему здоровье. 成功的手术使他恢复了健康。
7) Компартия Китая вернула китайскому народу свободу. 中国共产党使中国人民重获自由。
8) Современная медицинская техника вернула этому ребёнку жизнь. 现代的医学技术使这个孩子重获新生。

* **понима́ть** (*в чём*) 懂,懂行

1) Я в медицине понимаю немного. 我对医学懂得很少。
2) Анна увлекается музыкой и хорошо понимает в музыке. 安娜酷爱音乐,并对音乐很在行。
3) Извините, у меня нет компьютера, и ничего не понимаю в нём. 对不起,我没有电脑,并且对它一点都不懂。
4) Дядя Ян хорошо понимает в экономике. Ты можешь обратиться к нему за помощью. 杨叔叔很懂经济。你可以向他寻求帮助。
5) Муж хорошо знает технику, а жена плохо понимает в технике. 丈夫通晓技术,而妻子对技术却不太在行。

спаса́ть, спаса́ю, спаса́ешь, спаса́ют

спасти́, спасу́, спасёшь, спасу́т; спа́с, спасла́, спасло́, спасли́ (*кого-что кому*) 救,挽救,拯救

1) Благодарю вас за то, что вы спасли мне жизнь. 我感谢您救了我的命。

2) Это тот самый врач, который спас жизнь нашему учителю. 这正是那个挽救了我们老师生命的医生。

3) Спасти жизнь этому ребёнку могла только немедленная операция. 只有立刻手术才能挽救这个孩子的生命。

4) Доктор, прошу вас спасти мою дочку. Она ещё маленькая. 医生，求您救救我女儿。她还小。

5) Этот герой отдал свою жизнь, чтобы спасти иностранного мальчика. 这名英雄为了救外国小男孩献出了生命。

6) Лекарство ему не помогло. Никто не может спасти его. 药物对他不起作用。没有人能救他。

7) Я сделал всё по совету врача. Можно сказать, что именно слова врача спасли меня. 我一切都是遵医嘱做的。可以说,正是医生的话拯救了我。

8) Помните, что спасти весь мир можем только мы сами, а не другие. 你们要记得,只有我们自己才能够拯救全世界,而不是其他人。

до сих пор 迄今为止,至今

1) До сих пор дядя Ван не знает, кто спас ему жизнь. 至今王叔叔都不知道谁救了他的命。

2) Мы с женой знакомы уже много лет, до сих пор я хорошо помню нашу первую встречу. 我和妻子已经相识很多年了,至今我仍清晰地记得我们的第一次相遇。

3) До сих пор у меня рука болит, мне надо бы обратиться к врачу. 至今我的手还疼,我应该去看医生。

4) Ранним утром отец пошёл на работу, до сих пор он не вернулся. 一大清早父亲就去上班了,到现在还没回来。

5) Война давно кончилась. Но до сих пор эта мать не знает, жив ли сын. 战争早就结束了。但至今这位母亲都不知道儿子是否活着。

6) Я искала бабушку уже целый день, но до сих пор не нашла её. 我寻找外婆已经一整天了,但是到现在还没找到她。

7) Скажите мне, почему до сих пор вы не дали мне точный ответ. 请告诉我,为什么到现在您都没给我准确的答复。

8) Пять лет назад я окончил институт, и до сих пор я часто вспоминаю свои студенческие годы. 五年前我大学毕业了,并且至今还经常回忆我的大学时代。

9) Месяц назад муж написал письмо своей жене, но до сих пор он не получил её ответ. 一个月前丈夫给妻子写了信,但是到现在他还没收到妻子的回信。

на своём ме́сте 在原位,在自己的位置上

1) Я не могу найти моё сердце, но ничего. Я знаю, что оно всё-таки находится на своём месте. 我找不到我的心脏,但是没关系。我知道它还在原位。

2) Я вошёл в старую квартиру и увидел, что фотографии висят на своём месте. 我走进了老宅,看见照片还挂在原处。

3) В комнате всё в порядке: компьютер стоит на своём месте, книги лежат на своём месте. 房间里一切都很有条理:电脑在原位,书籍也放在自己的位置上。

Урок 12

☞ 对话 Диалоги

примеря́ть, примеря́ю, примеря́ешь, примеря́ют

приме́рить, приме́рю, приме́ришь, приме́рят (*что*) 试穿

1) В универмаге мне понравилась белая шуба. Друг посоветовал мне примерить. 在百货商店我喜欢上一件白色裘皮大衣。朋友建议我试穿一下。

2) Вот, пожалуйста, ботинки вашего размера. Можете примерить. 这就是您的尺码的皮鞋,您可以试穿一下。

3) Думаю, это платье тебе подходит. И цвет красивый, и фасон модный. Примерьте, пожалуйста. 我认为这件连衣裙你穿很适合。颜色很漂亮,而且样式很时髦。请试试吧。

4) Софья любит покупать обувь, в отделе обуви она часто долго примеряет туфли. 索菲娅喜欢买鞋子,她经常在鞋部花很长时间试穿鞋

子。

5) Когда покупатель примерил ту пару ботинок белого цвета, сразу решил взять. 顾客试了那双白色皮鞋后，立刻决定买下来。

6) В свободное время Анна любит долго выбирать и примерять одежду в универмагах. 有空的时候安娜喜欢在百货商店长时间地挑选和试穿衣服。

7) Я редко покупаю одежду на рынке, ведь там обычно не разрешают примерять. 我很少在市场买衣服，因为那儿一般不让试穿。

8) — Где можно примерить? “可以在哪试穿?”

— Примерить можно в примерочной, вот там. “可以在试衣间试，就在那儿。”

как раз 正好，恰好，正合适

1) Этот свитер мне как раз. Я беру его. 这件高领毛线衣我穿正合适，我买了。

2) Примерьте, пожалуйста, вот эту блузку, может быть, она вам будет как раз. 来试试这件女短衫，也许您穿着会合适。

3) Моя комната как раз напротив туалета. 我的房间正好在卫生间对面。

4) Как раз сегодня я его встретил. 正好今天我遇到他了。

5) Как раз перед ужином папа вернулся домой. 正好在临吃晚饭的时候爸爸回来了。

6) Как раз в это время менеджер сообщил нам дату экскурсии. 正好在这时经理通知了我们旅游的日期。

7) В эти дни температура не повысилась, как раз наоборот, понизилась. 这些天温度不但没升，反而降了。

8) Учитель не упрекнул меня, как раз наоборот, похвалил меня. 老师不但没责怪我，反而还夸奖了我。

завёртывать, завёртываю, завёртываешь, завёртывают

заверну́ть, заверну́, завернёшь, заверну́т (*кого-что во что*) 包装，包起来

1) Вера завернула эти фотографии в газету и положила их в книжный

шкаф. 薇拉用报纸把这些照片包起来,并把它们放到书柜里。

2) Дочка тяжело заболела, и мать завернула её в одеяло и сразу пошла в больницу. 女儿得了很严重的病,于是妈妈用被子把她包起来,并立刻去了医院。

3) Покупатель решил взять эту рубашку и попросил продавца завернуть. 顾客决定买这件衬衫,并请售货员包起来。

4) Мама завернула деньги в платок и отдала мне. 妈妈用手帕把钱包起来,交给了我。

5) Заверни ребёнка в пальто, сегодня на улице очень холодно. 把孩子用大衣包裹一下,今天外面很冷。

6) Заверни шею в шарф, а то простудишься. 请用围巾把脖子围住,不然会感冒。

7) Помоги мне завернуть все покупки, я спешу на поезд. 请帮我把所有买的东西包起来,我赶火车。

8) В пирог всё завернёшь. 什么都可以往馅饼里放。

*** подходить**

подойти́ (*кому*) 合身,对……适合

1) Туфли мне совсем не подходят, и я дала сестре. 这双鞋我穿完全不合适,于是把鞋送给了姐姐。

2) Это пальто очень подходит старой женщине, советую вам купить. 这件大衣很适合上了年纪的女性穿,我建议您买。

3) Этот костюм тебе не подходит — немного велик. 这套西服你穿不合身,有点大。

4) Примерьте вот эту пару брюк, может быть, они вам подойдут. 请试试这条裤子,可能您穿会合身的。

5) Сестре больше подходит сумка побольше, ведь у неё много книг и тетрадей. 妹妹更适合用大一点的书包,要知道她的书与练习本都很多。

6) Жаркая погода отцу не подходит. После собрания он сразу уехал с юга. 炎热的天气对父亲来说不适合,会后他立刻离开了南方。

7) Эта цена нам не подойдёт. Можно подешевле? 这个价钱对我们不

合适。能不能便宜点？

8）Я поступил в Пекинский педагогический университет. Думаю, работа учителя мне подойдёт. 我考上了北京师范大学。我想，老师的工作会适合我的。

＊**идти**（*кому*）适合，相宜

1）Вам идёт светлый цвет. Примерьте, пожалуйста, кофту белого цвета. 浅色适合您。请试试白色的短衫。

2）Не думаю, что маме идёт такой тёмный цвет. 我觉得这种深颜色不见得适合妈妈。

3）Молодым девушкам идёт юбка покороче. 年轻的女孩子适合穿短一点的裙子。

4）Советую тебе взять эти джинсы: и цвет модный, и фасон тебе идёт. 劝你买这条牛仔裤：颜色时尚，样式也适合你。

плати́ть, плачу́, пла́тишь, пла́тят

заплати́ть（*что за что*）支付，付款

1）В отделе одежды за брюки чёрного цвета Саша заплатил восемьсот рублей. 在服装部萨沙花800卢布买了条黑色裤子。

2）За все покупки молодая женщина заплатила тысячу юаней в кассу. 在收款处年轻女士为所有购买的东西付款1000元。

3）За такси девушка должна заплатить водителю сто рублей. 女孩应该付给司机出租车费100卢布。

4）В этом месяце менеджер заплатит рабочим большую зарплату за работу. 这个月经理会支付给工人们一大笔工钱。

5）Маша забыла деньги, и я заплатил за билеты в кино. 玛莎忘了带钱，于是我付了电影票钱。

6）Каждый месяц мне нужно платить десять юаней за телефонные услуги. 每月我都要付十元的电话服务费。

7）Он бросил университет: родители не смогли заплатить за его учёбу. 他大学辍学了，因为父母支付不了学费。

8）— Скажите, кому платить за книги? "请问，书钱付给谁？"

— Платите в кассу номер один. "请到一号收款处付钱。"

☞ 课文 Текст

назначáть, назначáю, назначáешь, назначáют

назнáчить, назнáчу, назнáчишь, назнáчат（*что на что*）指定，规定，约定

1) По совету студентов прподаватель назначил экзамен по химии на послезавтра. 按照学生们的建议老师将化学考试的时间定为后天。

2) В конце вечера друзья назначили следующую встречу на первое апреля. 晚会结束的时候朋友们约定下一次见面是4月1日。

3) В нашем институте принято назначать собрание на среду, в два часа дня. 在我们学院通常规定周三下午两点开会。

4) В Москве многие предпочитают назначать встречи в ГУМе на первом этаже. 在莫斯科很多人更喜欢把约会地点定在国营百货商店的一楼。

5) Врач внимательно осмотрел больного, поставил диагноз и назначил лечение. 医生认真地给病人做了检查，做出诊断并且指定了治疗方法。

6) Институт назначил доклад на следующую неделю. Точную дату потом сообщат. 学院将报告会定于下周，确切的日期稍后通知。

7) Вы знаете, на какое число назначил экскурсию в музей староста? 你们知道班长定哪号去博物馆参观吗？

уставáть, устаю́, устаёшь, устаю́т

устáть, устáну, устáнешь, устáнут（*от чего*, *с инф.*）劳累，疲倦

1) Утром я долго занимался в аудитории, и сейчас у меня глаза устали. 早上我长时间在教室里学习，所以现在眼睛很累。

2) В эти дни Вася всегда устаёт, и плохо выглядит. Наверное, заболел. 这些天瓦夏总是感到很疲倦，而且看上去气色不好。也许是病了。

3) С утра вы начали работать, уже устали, тогда отдохните. 您早上就开始工作，已经很累了，休息一会吧。

4) Мать любит делать покупки, она никогда не устаёт от магазинов. 母亲喜欢购物，她逛商店从来都不感到累。

5) Мой дядя устал от чтения и вышел в парк гулять. 我叔叔读书读累了,就出门去公园散步了。

6) Когда писатель уставал писать, он вставал из-за стола и ходил по кабинету. 当作家写累了的时候,他就从桌旁站起来,在书房踱步。

7) Певец уже устал петь, но слушатели всё продолжали вызывать его. 歌手已经唱累了,但听众还是一个劲地要求再唱。

8) Мальчики не уставали меня расспрашивать обо всём, что я видел во время путешествия. 男孩们不断向我询问旅途中的所有见闻。

уме́ть, уме́ю, уме́ешь, уме́ют (*с инф.*) 会,善于

1) Я не умею плавать, но очень хочу научиться. 我不会游泳,但是非常想学会。

2) Умел дитя родить, умей и научить. 生了孩子就得管教。

3) Умел взять — умей отдать. 有借有还,再借不难。

4) Кто не умеет отдыхать, тот не умеет работать. 不会休息的人就不会工作。

5) Девочке только четыре года, но она уже умеет читать и писать. 小女孩只有四岁,但她已经会读会写了。

6) Моему племяннику уже два года, но он ещё не умеет ходить. 我侄子已经两岁了,但他还不会走路。

7) Если умеешь играть в шахматы, давайте сыграем пару партий. 你要是会下象棋,那我们下两盘。

8) Настя купила новую машину, но она ещё не умеет водить её. 娜斯佳买了辆新汽车,但她还不会开。

ошиба́ться, ошиба́юсь, ошиба́ешься, ошиба́ются

ошиби́ться, ошибу́сь, ошибёшься, ошибу́тся; оши́бся, оши́блась, оши́блось, оши́блись (*чем, в ком-чём*) 搞错,弄错,出错

1) Ошибёшься адресом — письмо не дойдёт до места. 你要是弄错了地址,信件就到不了啦。

2) Извините, я ошибся этажом, мне надо на шестой этаж. 对不起,我弄错楼层了,我要去六楼。

3) Здесь нет никакой Наташи. Вы ошиблись номером. 这里没有什么

娜塔莎。您打错电话了。

4) Я ошиблась в числах, и поэтому по математике получила только четвёрку. 我弄错了数,因此数学只得了四分。

5) Володя никогда раньше не ошибался в людях, но на этот раз он ошибся в человеке, с которым много лет работал вместе. 沃洛佳以前从来没有看错过人,但这次他却看错了一个多年共事的人。

6) Чтобы не ошибаться в товарищах, надо много узнать о них. 为了不错看同事,应该多了解他们。

7) Каждый человек может ошибиться, нужно только учиться на своих ошибках. 每个人都会犯错,需要的只是在错误中学习。

8) Если я не ошибаюсь, это лекарство нужно принимать три раза в день после еды. Правильно? 如果我没弄错的话,这个药需要饭后服用,一天三次。对吗?

привлека́ть, привлека́ю, привлека́ешь, привлека́ют

привле́чь, привлеку́, привлечёшь, привлеку́т; привлёк, привлекла́, привлекло́, привлекли́ (*кого-что куда*) 引起(兴趣、注意等),吸引

1) Русские песни привлекли наш интерес к русскому языку и России. 俄罗斯歌曲引起了我们对俄语以及俄罗斯的兴趣。

2) В нашей жизни Интернет всегда привлекает большой интерес большинства молодых людей. 在我们生活中因特网总是能够引起大多数年轻人的浓厚兴趣。

3) Картина, которая висит в центре зала, особенно привлекла внимание этих русских гостей. 挂在展厅中心的一幅画特别引起了这些俄罗斯客人的注意。

4) В 2008 году Пекин, как город проведения Олимпиады, привлёк огромное внимание народов всего мира. 2008 年北京作为奥林匹克运动会的举办城引起了全世界人民的极大关注。

5) Недавно в городской библиотеке прошла выставка картин. Работы молодого художника привлекли много посетителей. 不久前在市图书馆举行了画展。一位年轻画家的作品吸引了很多参观者。

6) В наше время по телевизору часто бывают интересные передачи,

которые привлекают молодых людей. 如今电视里经常播放一些吸引年轻人的有意思的节目。

7) Рекламы всегда привлекают много покупателей в магазин. 广告总能把众多买家吸引到商店里来。

8) Я большой любитель театра. Новые спектакли всегда привлекают меня в театр. 我是戏剧爱好者,新的剧目总能吸引我去剧院。

по мнéнию (*кого-чего*) 根据……的看法,在……看来

1) По мнению автора, его жена так любит делать покупки, что можно назвать её покупкоголиком. 作者认为,他的妻子十分喜欢购物,可以称之为购物狂。

2) По мнению наших студентов, русский язык — один из самых великих и красивых языков в мире. 在我们的大学生看来,俄语是世界上最伟大和最美丽的语言之一。

3) По мнению Аллы, у мамы золотые руки, она всё умеет делать. 阿拉认为,妈妈有一双巧手,她什么都会做。

4) По мнению некоторых известных специалистов, с развитием науки и техники в недалёком будущем рак можно вылечить. 一些著名专家认为,随着科学技术的发展,在不远的将来癌症可以治愈。

5) По мнению моего мужа, из четырёх времён года лето лучше всего. 我丈夫认为,一年四季中夏天最好。

6) Анна увлекается спортом. По её мнению, заниматься спортом — прекрасный вид отдыха. 安娜酷爱运动。她认为从事体育运动是很好的休息方式。

7) По мнению опытных врачей из Пекина, этот больной ещё проживёт только полгода. 来自北京的有经验的医生们认为,这个病人只能再活半年。

8) По мнению этого героя, он сделал только то, что надо. 这位英雄认为,他只是做了应该做的事情。